EL CAMINO CHAMÁNICO HACIA LA LIBERTAD

EL CAMINO CHAMÁNICO HACIA LA LIBERTAD

UN LIBRO DE SABIDURÍA TOLTECA

DON JOSE RUIZ

Traducción de María Celina Rojas

Urano
Argentina - Chile - Colombia - España
Estados Unidos - México - Perú - Uruguay

Título original: *The Shaman's Path to Freedom*
Editor original: Hierophant Publishing
Traducción: María Celina Rojas

1.ª edición: septiembre 2025

Plaza de los Reyes Magos, 8, piso 1.º C y D – 28007 Madrid
www.edicionesurano.com

ISBN: 979-13-87662-03-5
E-ISBN: 979-13-87750-02-2
Depósito legal: M-15.459-2025

Fotocomposición: Urano World Spain, S.A.U.

Impreso por: Rotativas de Estella – Polígono Industrial San Miguel
Parcelas E7-E8 – 31132 Villatuerta (Navarra)

Impreso en España – *Printed in Spain*

ÍNDICE

PRÓLOGO

Cuando les cuento a las personas que mi hijo Jose es un ángel, a veces recibo miradas de confusión. Sin embargo, como escribe Jose en este maravilloso libro, la palabra «ángel» proviene del griego para «mensajero». Desde su iniciación en el linaje tolteca, Jose se ha transformado en un mensajero del amor incondicional. ¿Qué clase de ángel sería más necesario en este momento de la historia humana?

El amor incondicional es una fuerza de liberación. Nos libera de los juicios negativos que hacemos de nosotros mismos y los demás. Nos libera de la ilusión de que estamos separados de nuestros semejantes. Más importante, nos libera de la creencia de que «no somos suficiente». Cuando estableces el hábito de amarte a ti mismo y a los demás de manera incondicional, muchos de los problemas habituales de la vida desaparecen. En lugar de perseguir un estado de felicidad que habita siempre en el futuro, justo fuera de nuestro alcance, descubres que tienes todo lo que necesitas para ser feliz aquí, en el momento presente. Descubres que esta vida humana es un sueño, y comienzas a soñar algo hermoso.

Para Jose, el amor incondicional ha sido fundamental para encontrar su propia libertad personal. En la tradición tolteca, la libertad personal significa asumir una responsabilidad radical de tu experiencia aquí en el planeta Tierra; en otras palabras, darte cuenta de que eres el arquitecto de tu propio sueño. Si estás acostumbrado a creer que tus palabras, acciones y emociones son «causadas» por fuerzas externas que se encuentran fuera de tu control, podría llevarte un tiempo acostumbrarte al concepto de «libertad personal». Sin embargo, cuando empieces a practicarla, mediante los maravillosos ejercicios que ofrece este libro, nunca querrás regresar a tu antigua forma de vivir.

A medida que comprendas que eres el artista de tu propia vida, más resiliente, poderoso y compasivo te volverás. A su vez, eso te ayudará a desarrollar tu capacidad de amar incondicionalmente. Como enseña Jose en este libro, la libertad personal y el amor incondicional se refuerzan entre sí y crean un círculo virtuoso. Al cultivar el amor incondicional en nuestros corazones y mentes, todos podemos superar los hábitos mentales de la autocrítica, la negatividad y el temor, y transformarnos en mensajeros de la paz.

Espero que los ejercicios de este libro te inspiren y ayuden en tu propio camino hacia la libertad y que tu vida esté repleta de la sabiduría del amor incondicional. Nada puede ser más importante para la humanidad en este momento.

Con cariño,
Don Miguel Ruiz

EXPLICACIÓN DE PALABRAS CLAVE

Adicción al sufrimiento: la elección de la mente de sufrir en lugar de vivir en libertad. Este es el estado actual de la mayoría de las mentes humanas del planeta.

Domesticación: el principal sistema de control que se da en el Sueño del Planeta. Desde la infancia, nos recompensan o castigan para que adoptemos las creencias y los comportamientos que otros consideran aceptables. Mediante este proceso, nos «domestican», en el sentido tolteca de la palabra.

Sueño del Planeta: la combinación de cada Sueño Personal de cada ser. El Sueño del Planeta constituye el mundo en el que vivimos.

Nagual: palabra náhuatl que tiene dos significados. Se utiliza para designar a los chamanes del pueblo tolteca y para describir la energía de la fuerza vital y la divinidad inscrita en todos los seres.

Náhuatl: lengua de los antiguos pueblos toltecas.

Sueño Personal: la realidad única creada por cada individuo; la perspectiva personal de cada uno. Es la manifestación de la relación entre tu mente y cuerpo.

Libertad personal: los toltecas alcanzan la libertad personal cuando asumen una responsabilidad radical de sus experiencias y descubren que ellos son los artistas que crean sus propios Sueños Personales.

Chamanes: aquellos que han despertado y se dan cuenta de que todos los seres son energía de fuerza vital, y que los seres humanos están soñando todo el tiempo.

Tolteca/artista: en el sentido tolteca, cada persona es un artista y nuestras vidas son nuestro arte. La palabra «tolteca» significa «artista» en náhuatl.

Guerreros toltecas: aquellos que están comprometidos a emplear las enseñanzas de la tradición tolteca para salir vencedores de la batalla interna contra la domesticación y alcanzar su propia libertad personal.

Amor incondicional: fuerza de liberación que nos libera de los juicios negativos, de la ilusión de que estamos separados de nuestros semejantes y de nuestros propios sentimientos de insuficiencia.

INTRODUCCIÓN
EL CAMINO TOLTECA

La humanidad está en crisis.

En casi todas partes, vemos falta de armonía, injusticia, crueldad y destrucción. Cuando nos permitimos sentir el dolor de las guerras y de las catástrofes medioambientales que vemos en la televisión o en las noticias, puede parecer casi imposible de tolerar, y muy pronto podemos sentirnos sobrepasados e indefensos. A menudo parece que lo mejor que podríamos esperar es la seguridad y el consuelo para nosotros mismos y nuestros seres queridos, mientras cerramos nuestros corazones al abrumador sufrimiento de los demás y del planeta.

Sin embargo, estos problemas no son nuevos para el mundo. A lo largo de generaciones, las sociedades han luchado contra la discordia y la violencia, y han buscado formas de superar los instintos destructivos de la humanidad y descubrir su potencial espiritual. Una de esas civilizaciones fue la de los toltecas.

Los toltecas prosperaron en lo que ahora es el centro y sur de México, hace entre mil y dos mil años. Desarrollaron una sociedad avanzada donde las personas dedicaban una gran cantidad de tiempo y energía a la autorrealización y la práctica espiritual. La posterior cultura azteca los reconoció como sus progenitores intelectuales y culturales, y consideraba a la civilización tolteca como superior a todas las demás.

Los toltecas se consideraban artistas. De hecho, la palabra «tolteca» significa «artista» en náhuatl, la lengua de este pueblo antiguo. Esta cultura ejecutó logros magníficos en la pintura, la escultura y la arquitectura, incluidas las majestuosas Pirámides del Sol y la Luna, justo en las afueras de Ciudad de México. Sin embargo, el concepto tolteca de «artista» no se limita a las personas que llevan a cabo esos roles. Para los toltecas, cada persona es un artista, y la meta de cada uno de nosotros es vivir nuestras vidas de manera que beneficien la creación de una obra de arte.

Los toltecas desarrollaron una cosmología compleja y vivieron una vida espiritual plena. Al igual que los pueblos védicos de la India, siguieron un camino de autorrealización o lo que nosotros llamamos «libertad personal». Aunque no dejaron obras literarias escritas como el famoso *Rig Veda*, su conocimiento y creencias se han trasmitido a través de la tradición oral en forma de relatos y prácticas que se siguen enseñando hoy en día.

El camino tolteca se centraba en la capacidad de cada uno de nosotros de lograr nuestro propio despertar y, por ende, contribuir al de los demás. Enseñaba que solo mediante el descubrimiento individual de la libertad personal la humanidad podía alcanzar un cambio prolongado a una escala superior. En otras palabras, para cambiar el mundo, debemos cambiarnos a nosotros mismos.

ESPIRITUALIDAD TOLTECA

Hace mucho tiempo, los chamanes de mi familia descubrieron que la mente humana sueña todo el tiempo, ya que solo podemos ver la vida a través del filtro de nuestras propias percepciones. Por lo tanto, la vida es un reflejo de nuestras creencias y condicionamientos. Los chamanes toltecas denominan a la realidad única creada por cada individuo Sueño Personal, que está moldeado por nuestras perspectivas personales y es la manifestación de la relación entre nuestra mente y cuerpo. A su vez, estas realidades únicas se combinan para conformar el Sueño del Planeta, que está compuesto por el Sueño Personal de cada ser en el mundo. Este sueño colectivo conforma la base de cómo interactuamos y nos comunicamos entre nosotros, y es el fundamento de lo que percibimos como el mundo en el que vivimos. Desafortunadamente, si miramos el Sueño del Planeta de la actualidad, este se parece en muchos aspectos a una pesadilla.

No obstante, aunque estamos rodeados de sufrimiento, también hay una gran belleza. Cada uno de nosotros nació con una luz divina en su interior. Las tradiciones espirituales de todo el mundo han llamado a esta luz de numerosas maneras: alma, *jiva*, fuente, fuerza vital. En la tradición tolteca, llamamos a esta luz «nagual», y creemos que todos poseemos esta fuerza divina en la misma cantidad.

Sin embargo, al igual que numerosas palabras en otros idiomas, la palabra náhuatl «nagual» tiene un segundo significado. También significa «el que ha despertado» o «chamán». Aunque los toltecas creen que todos poseemos la luz del nagual por virtud de nuestra divinidad innata, definen a un chamán como la persona que ha descubierto esa divinidad y que cultiva la luz interior con habilidad e intención y, al hacerlo, alcanza su propia libertad personal. Entonces pueden centrar su energía en crear un Sueño del Planeta que sea hermoso en lugar de una pesadilla, por lo que se convierten en pacificadores, creadores de comunidad y sirvientes de todos los seres vivos. Por eso los toltecas dan tanto valor a la libertad personal y confieren el título de nagual a quienes la logran.

LIBERTAD PERSONAL

En la actualidad, la mayoría de las personas vive en un estado de temor y ansiedad. Quizás no sean conscientes de que son temerosas y ansiosas, pero esos sentimientos están ahí, acechando justo por debajo de la superficie. Temen ser juzgadas, avergonzadas, perder su identidad, fracasar en su intento de alcanzar algún estándar imaginario. En lugar de ser libres, la mayoría se encuentran esclavizadas en la búsqueda de algún sentimiento temporal de seguridad, aceptación o comodidad material.

Pero el camino de un nagual es diferente. Se caracteriza por dos elementos clave: la libertad personal y el amor incondicional. De hecho, estas dos cualidades son en gran medida una sola. Cuando te brindas amor incondicional a ti y a los demás, automáticamente alcanzas la libertad, dado que tu vida ya no está definida por el juicio, el temor y la negatividad. A la inversa, cuando trabajas duro para liberar la mente del juicio, el temor y la negatividad, descubres de manera natural un manantial de amor incondicional.

Cuando alcanzas la libertad personal, te sientes cómodo en tu propia piel. No temes los juicios de los demás porque ya has abandonado hace tiempo la práctica de juzgarte. No sientes temor por resultados concretos —cambiar de empleo, perder una pareja, mudarte a un lugar nuevo— porque sabes que, adonde sea que vayas, sea lo que sea que hagas y estés con la persona que estés, sigues siendo energía de fuerza vital. Energía nagual pura y absoluta. Sin importar lo que suceda, nunca dejas de ser nada menos que vida.

Otra característica de la libertad personal es la capacidad de mirar a los ojos de los demás y verte a ti: verte de verdad, sin separación. Aunque resulta fácil decir que estamos todos conectados, otra cosa es sentirlo a un nivel visceral. Cada vez que inspiras, inhalas el mismo aire que sustenta las vidas de todos tus hermanos y hermanas de la Tierra. Cuando disfrutas de la sensación del sol sobre la piel, recibes la misma calidez que siente cada ser humano y animal en el planeta. Compartes la misma energía que el sol le brinda a cada planta y árbol.

El agua que bebes ha saciado la sed de muchos otros antes de ti. Cuando recuerdas estas verdades, rompes la ilusión de la separación.

La capacidad de ver —y, más importante, de sentir— esta conexión con la naturaleza es quizás una de las cualidades por las que los chamanes son más conocidos. Los chamanes no solo aprecian un paisaje de árboles y el romper de las olas en el océano, sino que sabemos que nosotros también somos naturaleza. La misma belleza que percibimos en las plantas y animales también existe en nosotros. Cuando descubres esto, te liberas de las ilusiones de lo despreciable y lo poco valioso. Una flor no puede ser despreciable. Un océano no puede ser indigno. Tú tampoco.

En la tradición tolteca, creemos que todos tenemos la capacidad de acceder a este estado de libertad personal y de convertirse en chamán. Sin embargo, la mayoría de nosotros debemos enfrentarnos a un obstáculo gigante en ese camino hacia la libertad: la adicción de la mente al sufrimiento, que nos fuerza a escoger el sufrimiento en lugar de vivir en libertad.

HUITZILOPOCHTLI Y QUETZALCOATL

En la Mesoamérica precolombina, uno de los dioses más reconocidos fue Huitzilopochtli, el dios de la guerra. Aunque sus seguidores provenían de diferentes lugares y lo llamaban con otros nombres, todos compartían una misma característica. Infligían sufrimiento en otros mediante la violencia y la guerra. Y practicaban sacrificios humanos para satisfacerlo. En la cosmología tolteca, Huitzilopochtli es el hermano del dios más conocido Quetzalcoatl, cuyo símbolo es una serpiente emplumada. A diferencia de su hermano, Quetzalcoatl es una figura redentora y amorosa que inspira muchas de las prácticas que aún empleamos hoy en día.

En un relato, Quetzalcoatl atrae a su hermano hacia una cueva donde hay una cascada mágica en la que Huitzilopochtli ve el reflejo de las acciones fanáticas de sus seguidores y el sufrimiento que causan en su nombre. En un instante de claridad, se deja caer sobre las rodillas y le suplica a su hermano que lo perdone. Quetzalcoatl lo perdona, pero le dice que debe advertir a sus seguidores que la violencia no es el camino. Huitzilopochtli obedece, pero pronto descubre que sus seguidores no están dispuestos a renunciar a la guerra y a los sacrificios humanos porque se han vuelto adictos a la violencia.

De acuerdo con los chamanes de mi familia, esta adicción al sufrimiento continúa afligiendo a la humanidad hasta el día de hoy. Igual que cualquier otra adicción, puede hacer que busquemos lo que es dañino para nosotros a cambio de una experiencia temporal de satisfacción, seguridad y alivio. Por ejemplo, quizás juzguemos a los demás para sentirnos mejor con nosotros mismos temporalmente, sin darnos cuenta de que esos juicios negativos también envenenan nuestras mentes. Cuanto más profundo caemos en nuestra adicción al sufrimiento, más sacrificamos nuestra libertad personal y nuestra capacidad de amar incondicionalmente, hasta que a duras penas recordamos cómo es vivir de otra manera.

No hay duda de que las acciones de los fanáticos de Huitzilopochtli contribuyeron en gran medida a la caída de su cultura, lo que dejó a muchas ciudades de la región, antes orgullosas, en la ruina. Por eso, los chamanes toltecas trabajan para reunir a los guerreros toltecas, los que libran batallas internas para terminar con la ilusión de la separación, romper con la adicción de la mente al sufrimiento y alcanzar la libertad personal.

Cuando pienso en la historia de Huitzilopochtli, no puedo evitar ver similitudes entre las civilizaciones de Mesoamérica y la nuestra. Nosotros también estamos viviendo en una era de sufrimiento autoinfligido, pero no tiene por qué ser así. Todos podemos tomar la decisión de convertirnos en guerreros toltecas. Todos podemos asumir nuestra responsabilidad al rechazar las fuerzas de la ambición, el egoísmo y la violencia, y escoger el camino del amor incondicional. Espero que podamos hacerlo antes de que nuestra civilización también quede en ruinas.

CÓMO LEER ESTE LIBRO

Este libro es una invitación radical a romper con la adicción de tu mente al sufrimiento, abrazar el amor incondicional y reclamar la libertad personal, que es tu derecho de nacimiento. Para ayudarte a lograrlo, he identificado diez elementos clave de la libertad personal:

- La libertad de amarte a ti mismo y a otros de manera incondicional.

- La libertad de sanar tus antiguas heridas, sin importar cuánto tiempo te hayan acompañado.

- La libertad de cambiar y de permitir que quienes te rodean también cambien.

- La libertad de sentir un abanico completo de emociones y recibir los regalos que te pueden ofrecer.

- La libertad de ver más allá de tus puntos ciegos y obtener una perspectiva más amplia.

- La libertad de soñar con la conciencia de estar soñando.

- La libertad de cuidar tu cuerpo físico.

- La libertad de aceptar la vida tal como es.

- La libertad de perdonarte a ti y a quienes te han herido.

- La libertad de servir a quienes te rodean.

Aunque he organizado estas libertades como pienso que serán de ayuda para la mayoría de los lectores, en especial para quienes son nuevos en el camino tolteca, cada capítulo es independiente. No tienes que leer el libro en orden. Si sientes que algún aspecto concreto de la libertad personal te llama la atención en este momento, dirígete a ese capítulo y comienza por ahí.

Aunque leer sobre la libertad personal resulta de ayuda porque incrementa nuestra conciencia, sus mayores beneficios surgen cuando incorporamos estas libertades a nuestra vida cotidiana. He incluido ejercicios al final de cada capítulo para ayudarte a poner en práctica estas libertades. Algunos implican escribir, de modo que te animo a que te hagas con un cuaderno y lo reserves exclusivamente para ese propósito. Como muchos de estos ejercicios son rituales, es importante mencionar que, en el chamanismo, los rituales están diseñados para funcionar en un nivel más profundo que tu mente soñadora. Esto significa que deberías realizarlos incluso aunque tu mente imponga objeciones o intente convencerte de que son tontos o que nunca funcionarán. En esos momentos, recuerda ser escéptico con respecto a tu mente, que puede ser muy astuta en sus esfuerzos por mantener el *statu quo*, incluida su adicción al sufrimiento.

A lo largo del libro encontrarás anécdotas y lecciones de sabiduría del budismo, hinduismo y otras tradiciones espirituales. A veces, las personas me preguntan por qué incluyo esos relatos en mis libros, ya que «no son toltecas». Vivimos en una época muy especial, donde las culturas de todo el mundo comparten su conocimiento sagrado entre ellas. Aunque crecí en el linaje tolteca, he tenido la bendición de viajar por todo el mundo, de recibir sabiduría espiritual de muchas otras tradiciones y de incorporar esa sabiduría en mi propia práctica espiritual. Todas las tradiciones religiosas representan los numerosos rostros de lo divino, y somos afortunados de vivir en una época en la que tenemos acceso a muchos de esos hermosos rostros. He descubierto que no hay necesidad de levantar muros entre ideas y prácticas «toltecas» y «no toltecas», ya que toda práctica espiritual nace de la misma fuente eterna, y puede enseñarnos algo sobre la libertad personal y el amor incondicional.

En la tradición tolteca, sabemos que cada uno de nosotros tiene su propia divinidad innata, pero en ocasiones la luz de nuestro interior está oscurecida y necesitamos que un guía nos ayude a encontrar el camino de regreso a casa. Mi deseo es que este libro pueda servirte de guía para encontrar la verdad que ya está en tu interior. No importa cuánto hayas estado deambulando en la neblina, desconectado de la sacralidad de tu vida. La luz del nagual sigue en tu interior, y puedes reconectar con ella comenzando hoy, ahora mismo. Cuando lo hagas, eliminarás o disminuirás en gran medida tu propio sufrimiento y, a la vez, elevarás a toda la humanidad. Eso es lo más importante que puedes hacer por el Sueño del Planeta en este momento.

1
LA LIBERTAD DE AMAR

Imagina que tienes la tarea de cuidar a un bebé de seis meses. Si eres como la mayoría de las personas, lo tratarás con amor incondicional y bondad de manera automática. Incluso si grita y arroja su cuchara al suelo, seguirás hablándole con amabilidad, cuidándolo y brindándole amor y cariño. Sin importar lo que haga, no te lo tomarás personalmente, porque sabes que así actúan los bebés.

Resulta fácil sentir amor incondicional por un bebé, ya que es evidente que son inocentes, vulnerables y completamente ajenos a las consecuencias de sus acciones. Al brindarles un flujo de amor constante, les enseñas que el mundo es un lugar seguro y les otorgas la mejor oportunidad posible para que crezcan y se desarrollen.

Los chamanes de la tradición tolteca de mi familia han enseñado durante milenios que el amor incondicional es el mayor poder que poseen los seres humanos, y por eso comenzaremos nuestro camino juntos con un análisis de su poder único. Cuando vives con amor incondicional, los insultos, los juicios y el lenguaje hostil no pueden llegar a tu corazón, ya que puedes ver que ni el ataque más despiadado no es más personal que un bebé que arroja una cuchara al suelo. El amor incondicional es la clave para la libertad personal.

De niños, muchos tuvimos la fortuna suficiente de recibir amor incondicional de nuestros padres o de alguna otra figura significativa en nuestras vidas. Sin embargo, incluso los padres o cuidadores más bondadosos en algún momento tienen un desliz y brindan amor de forma condicional como una herramienta de recompensa y castigo. En la tradición tolteca, nos referimos a esto como «domesticación».

La domesticación es el proceso por el cual nos asimilamos a la sociedad en la que vivimos. Por ejemplo, aprendemos a decir «por favor» y «gracias», a quitarnos los zapatos antes de entrar en una casa y a llevar un regalo cuando visitamos el hogar de otra persona. Esa clase de domesticación no es inherentemente positiva ni negativa; de hecho, es un proceso normal y necesario. Si no nos domesticaran en algunos aspectos básicos, sería difícil comunicarnos con las personas que nos rodean o ser partícipes de la sociedad. Sin embargo, en algunos casos, la domesticación puede utilizarse de manera negativa y, cuando eso sucede, puede hacer que olvidemos nuestra conexión con el nagual de nuestro interior.

Por ejemplo, a medida que crecemos, muchos aprendemos que, si nos comportamos de cierta manera, recibiremos una recompensa —amor— y, si nos comportamos de otra, recibiremos un castigo: la negación del amor. A veces, quizás recibamos algo incluso peor que la simple negación del amor: la vergüenza. Por desgracia, la vergüenza es una herramienta muy eficaz para domesticar a otros.

Es posible que haya personas en tu vida que te hayan negado su amor o incluso te hayan avergonzado durante tus años formativos por hablar, vestir o actuar de cierta manera. Como resultado, aprendiste que, si deseabas recibir su amor, debías evitar esos comportamientos. Esto no quiere decir que debas sentir enfado u hostilidad hacia tus padres o cuidadores, que a menudo llevaron a cabo esa domesticación en un esfuerzo por protegerte de los prejuicios sociales o con la intención de brindarte ayuda. En todo caso, simplemente estaban repitiendo lo que ellos mismos vivieron, ya que el proceso de domesticación ha estado ocurriendo de generación en generación durante miles de años.

Con el tiempo, quedamos tan condicionados por el proceso de domesticación que nuestros domesticadores originales ya no tienen que estar presentes. Comenzamos a negarnos el amor a nosotros mismos e incluso sentimos vergüenza cuando no alcanzamos los ideales inculcados en nosotros por los demás. Esto es lo que los chamanes de mi familia denominan «autodomesticación».

Cuando comenzamos a autodomesticarnos, el proceso de domesticación está completo. Nos regañamos internamente por una letanía de razones, pero el denominador común es el monstruo de «no es suficiente», que representa las maneras en las que no estamos a la altura de nuestros ideales domesticados. Si no somos tan exitosos, atractivos o funcionales como sentimos que «deberíamos» ser, intentamos motivarnos a mejorar avergonzándonos y utilizando otras formas de diálogo negativo. No obstante, avergonzarte y luchar contigo mismo es una herramienta tan eficaz como discutir con un bebé de seis meses; el bebé responde al amor, no a la lógica, y eso es más cierto en los adultos de lo que creerías.

Debido a nuestra domesticación, somos como un elefante recién nacido cuya pata está encadenada a un poste. De bebé, el elefante no tiene fuerza suficiente para romper la cadena, sin importar cuánto lo intente. De adulto, el elefante posee el poder de romper la cadena en cualquier momento, pero ni siquiera lo intenta porque cree que es imposible. Se ha autodomesticado hasta alcanzar un estado de indefensión. De hecho, ¡ni siquiera se animaría a alejarse, aunque le quitaran la cadena!

Esa es la trampa de la domesticación y del amor condicional. Pero existe una salida. Al comprometerte a ver el nagual que reside en tu interior y en el de todos los demás, puedes comenzar a amarte a ti mismo y a otros de manera incondicional. Esa es la clave para superar cualquier domesticación negativa que hayas internalizado.

LOS DESAFÍOS DEL AMOR

Amar a otros de manera incondicional no significa que nunca estarás en desacuerdo con ellos ni te sentirás frustrado por sus acciones. Tampoco significa consentir, dejar que los demás sobrepasen tus límites o decir que «sí» a sus peticiones cuando tu corazón dice que «no». Lo que *sí* significa el amor incondicional es extender tu bondad de manera continua hacia otros y hacia ti mismo, incluso en mitad un conflicto o desacuerdo. Significa negarse a ceder frente al temor, el odio o el sufrimiento y no actuar desde la negatividad, incluso cuando te provoquen con intensidad. También significa hacer intentos constantes de llevar tu versión más elevada a cada interacción, mientras buscas conectar de manera continua con lo que es más elevado y mejor en los demás. Aunque puede ser muy difícil de lograr en algunas situaciones, puedes dominarlo con la práctica.

Por ejemplo, una maestra puede sentirse frustrada por los intentos repetidos de un estudiante de interrumpir la clase. Si ella actuara desde un lugar de amor condicional, podría etiquetar al estudiante como «malo» y considerarlo como menos valioso que otros. Por el contrario, si actuara desde un lugar de amor incondicional, continuaría dirigiéndose a él con respeto e intentaría alcanzar el nagual de su interior, sin dejar de abordar el comportamiento disruptivo. El amor incondicional es como el fondo del océano. Da igual lo que las olas estén haciendo en la superficie, el fondo del océano siempre está ahí, y ninguna tormenta lo desplazará.

A menudo, el amor incondicional es lo más difícil de lograr para uno mismo. Muchos sentimos una frustración intensa hacia nosotros en determinados momentos. Por ejemplo, justo después de cerrar el coche con las llaves dentro, hacer un comentario inapropiado o no cumplir una promesa o alcanzar una meta. Aunque tu primera reacción mental sea regañarte, el amor incondicional significa extender bondad hacia ti de manera continua, incluso cuando hayas hecho algo de lo que te arrepientes o algo que tu mente te dice que es «malo» o «tonto».

LA BÚSQUEDA DEL AMOR

Los chamanes de mi familia me enseñaron que todos parecemos cazadores, porque buscamos el amor fuera de nosotros. Buscamos amor en otros seres humanos, sin darnos cuenta de que ellos también lo buscan en nosotros. Ellos tampoco se aman a sí mismos —al menos no de manera incondicional—, de modo que esperan que nosotros les llenemos esa necesidad, tal como nosotros deseamos que ellos lo hagan con nosotros. En ese sentido, somos como drogadictos que buscan alguien que les proporcione droga, ¡mientras que las personas a las que acudimos a su vez esperan que nosotros tengamos drogas para ellas!

La verdad es que, cuando encuentras el amor, siempre procede de tu interior, no de los demás. Si no me crees, piensa en todos los momentos de tu vida en los que alguien te amó y, en cambio, tú insististe en sentirte poco amado. De niño o adolescente, quizás te hayas sentido poco amado cuando tus padres no te permitieron ir a algún sitio con tus amigos o salir después de una determinada hora por la noche. Sin embargo, ese sentimiento de desamor era un estado subjetivo, no un reflejo preciso del amor de tus padres o de la falta de él. Como adulto, quizás te hayas sentido poco amado si tu pareja no tuvo ese gesto romántico que tanto anhelabas. No obstante, el amor de tu pareja quizá era realmente intenso. En otras palabras, nuestra percepción de sentirnos amados o no amados proviene de nuestro interior, no del mundo exterior.

Una amiga mía tiene un hermano que sufrió muchas heridas emocionales profundas que hicieron que le costara sentir y recibir amor. Aunque ella lo inundaba de cariño cuando estaban juntos —le cocinaba, lo ayudaba con su hogar, tenía largas conversaciones con él sobre su vida—, él siempre se preguntaba si ella lo quería «de verdad». Para un observador externo, era evidente que el problema residía en su incapacidad de recibir amor, no en la incapacidad de su hermana de ofrecérselo. Él era como un móvil que no captaba ninguna señal, a pesar de que la señal era muy potente.

Solo cuando adoptó a un perro comenzó a desarrollarse su capacidad de entregar y recibir amor. El perro siempre estaba feliz de verlo, sin importar qué sucediera. El hombre se dio cuenta de que el perro lo amaba de manera incondicional, y él podía devolverle ese amor. La capacidad de recibir amor de un animal generó una calidez en su corazón y allanó el camino para que él se amara a sí mismo y también recibiera amor de otras fuentes. Aunque le llevó un largo tiempo, finalmente logró sonreírle a su hermana y decir: «Gracias por llamar para desearme feliz cumpleaños. Sé que me amas y aprecio que te tomes el tiempo para demostrarlo».

Es tu propio amor el que te permite percibir y recibir el amor de los demás. Cuanto más cultives tu propia capacidad de amar incondicionalmente, más desarrollarás la habilidad de captar una «señal de amor» donde sea que te encuentres. Al mismo tiempo, sin importar cuánto desarrolles tu propia capacidad de amar, nunca puedes forzar a otra persona a sentir o recibir tu amor. Es imposible «hacer» feliz a otra persona, ya que la felicidad proviene del interior. Puedes tener gestos bondadosos con los demás, pero no puedes controlar su capacidad para recibir esa bondad. Por eso, hacerte responsable de la felicidad de otra persona es una forma segura de generar sufrimiento.

TÚ ERES EL AMOR DE TU VIDA

La única persona de cuya felicidad puedes ser responsable es —¡lo has adivinado!— tú mismo. Al desarrollar tu capacidad de percibir, recibir y generar amor, puedes hacerte feliz y, por lo tanto, tener más que ofrecer a las personas que te rodean. Aunque suene extraño o poco convencional, tú eres el amor de tu vida, no tu novio o novia, tu esposo o esposa. Tú eres la persona a la que tienes acceso completo, las veinticuatro horas del día. Tu cuerpo físico es el único cuerpo del planeta del que eres completamente responsable; tu corazón, el único corazón, tu mente, la única mente. Puedes cuidarte de una manera que nadie más puede, y eso también es cierto para el resto de los seres humanos.

No obstante, la idea de que tú eres el amor de tu vida resulta mucho más fácil de decir que de hacer, ya que la mayoría tenemos una aversión profundamente arraigada a esa idea. Muchos hemos sido domesticados para ser mucho más duros con nosotros mismos que con los demás. Aprendimos que está «bien» regañarnos y menospreciarnos. Sin embargo, eso solo refuerza la idea poderosa de que no somos lo suficientemente buenos, atractivos o inteligentes para ser dignos de recibir la clase de amor intenso e incondicional que con tanta predisposición le ofrecemos a un bebé o a un animal, o incluso a un adulto al que queremos. En términos chamánicos, podemos decir que casi toda la humanidad se encuentra bajo un hechizo o encantamiento negativo.

¿Cómo podemos romperlo? Implica práctica y compromiso, y empieza tratándote como lo harías con una pareja, un niño, un miembro de tu familia o un querido amigo peludo. Piensa en alguien por quien sientas un amor intenso e incondicional. ¿Puedes imaginarte sintiendo exactamente lo mismo por ti? Para muchos de nosotros, esto es muy difícil, e incluso puede parecernos un gran tabú. Quizás pienses que amarte te volverá arrogante, egoísta o algo peor. La primera vez que de verdad te permitas experimentar autoamor puede ser una experiencia increíblemente emotiva, quizás incluso llores o te sientas muy vulnerable.

Para comenzar a forjar una relación con el amor de tu vida, pregúntate: ¿qué es lo que este ser quiere? ¿Qué le gusta? ¿Cuáles son sus pasiones? ¿Qué necesita para brillar? ¿Cómo puedo ayudarlo a experimentar todas esas cosas?

El amor de mi vida se llama Jose. Le hago feliz tocando la guitarra y creando arte; a él le encanta. Jose ama la música, en especial el *rock and roll*. Para él, ir a un concierto de *rock* es como meditar. También se siente feliz cuando cumple con su propósito en la vida, que es ayudar a los demás mediante la enseñanza y transmisión de la sabiduría de su tradición familiar. Adora compartir su corazón y sus experiencias de vida con los demás. Y cuando puede compartir su corazón *y* su música, ahí es cuando siente el equilibrio perfecto y la mayor felicidad en su vida.

Quizás suene tonto hablar de ti en tercera persona, pero hacerlo puede ayudarte a romper con el hechizo de la domesticación. Eso es porque la mayoría de nosotros nunca juzgaría a otra persona como nos juzgamos a nosotros mismos. Hablar de ti en tercera persona te ayuda a romper con el hábito del autoflagelo, que es simplemente otra expresión de la adicción de la mente al sufrimiento. Al final del capítulo he incluido un ejercicio para ayudarte a desarrollar esta habilidad.

Cada día me recuerdo que soy pura vida —energía nagual—, perfecta y completa en este mismo instante. También he recibido este cuerpo concreto, esta personalidad y nombre concretos. He recibido esta expresión del nagual que Jose debe cuidar, y cuidar a Jose es mi meta número uno en esta vida. Cuidar a esta criatura es una responsabilidad sagrada. Una vez que te des cuenta de ello, tu vida entera comenzará a cambiar.

SÉ SINCERO CONTIGO MISMO

¿Alguna vez has observado cómo juegan los niños y notado que gran parte del juego consiste en asignar roles? «Tú serás el policía y yo el ladrón». Y luego se disgustan mucho cuando alguien rompe las reglas de esos acuerdos. «Se suponía que eras el ladrón, y el ladrón nunca haría eso o aquello. ¡Hazlo a mi manera!».

Los adultos expresan esa misma indignación cuando nos negamos a cumplir con los roles que tienen en mente para nosotros. «¡Se supone que eres el tipo espiritual!». «¡Se supone que eres el que tiene un matrimonio feliz!». Los chamanes de mi familia enseñan que no tiene sentido enfadarse con las personas que intentan involucrarnos en sus sueños. Después de todo, ¡ni siquiera se dan cuenta de que están soñando! Sin embargo, si eres consciente de ello, puedes sentir compasión por ellas. Puedes responder que «no» sin atacarlas. Puedes reconocer sus demandas y exigencias, y luego seguir haciendo lo necesario para tu propia vida.

Cuando comencé con mi trabajo chamánico, algunos me dijeron que debía dejar de escuchar *rock and roll* y ver películas, que tenía que comprometerme con el «camino espiritual». De modo que, durante un tiempo, hice exactamente eso. Dejé de escuchar la música que amaba. Dejé de asistir a conciertos de *rock*. Y todos los días pasaba horas en una habitación oscura, meditando con los ojos cerrados. Creía que ese era el «camino espiritual». Sin embargo, muy pronto comencé a sentirme muy infeliz, ya que estaba ignorando al amor de mi vida. Estaba luchando conmigo mismo al intentar ceñirme a lo que otros soñaban que significaba ser espiritual. Pero no era mi sueño.

Cuando lo entendí, comencé a soltar ese personaje «espiritual». Descubrí que podía satisfacer a mi corazón: escuchar mi música, asistir a mis conciertos de *rock* y salir de la habitación oscura y meditar con los ojos abiertos. Ese es el camino espiritual de Jose. Con ese descubrimiento, comencé a cuidarlo de nuevo, al Jose que adora a los cachorros, Guns N' Roses y la filosofía védica. El Jose que adora viajar y disfruta de la comida vegana.

Mi padre me dijo una vez que, aunque algunas personas espirituales están obsesionadas con ser serias, es nuestra energía infantil la que nos ayuda a disfrutar de la vida. Adoro mi estilo de vida *rock and roll*. Estoy viviendo mi sueño y soy feliz haciendo lo que amo. Pero eso solo fue posible cuando comprendí que cuidar a Jose era la tarea más importante de mi vida. No es algo secundario. No es egoísta. De hecho, solo siendo fiel a Jose soy capaz de ayudar a los demás.

Todos podemos aprender a rechazar los roles que los demás nos asignan en sus sueños. Y podemos aprender a responder con elegancia cuando otros rechazan algún aspecto de los nuestros. En lugar de culpar o atacar a otros por convertirnos en personajes de sus historias, podemos escuchar con calma y recordar que las personas sueñan constantemente. Podemos ser guerreros toltecas, que son los que han alcanzado el dominio de sí mismos y, por lo tanto, no necesitan dominar a otros.

Cuando alguien intenta imponerte su sueño y ese sueño crea una emoción fuerte en tu interior, puedes negarte con destreza y en un momento apropiado, en lugar de atacar de una manera descuidada o peligrosa. Puedes decir: «Veo que quieres que me quede en esta relación, pero he tomado la decisión de partir». Cuando hablas así, expresas tu verdad y, a la vez, evitas utilizar un veneno emocional para herir o avergonzar a la otra persona por el contenido de sus sueños personales.

LAS BARRERAS PARA EL AMOR

A pesar de que estamos hechos del nagual, o vida pura y potencial infinito, a menudo vemos algo limitado y concreto cuando nos miramos en el espejo. Este es uno de los desafíos de habitar un cuerpo en el mundo fenoménico. En mi caso, cuando me miré al espejo hace muchos años, vi una persona que había abusado de las drogas y el alcohol, y había sido víctima de abuso sexual. Vi a un personaje unidimensional perseguido por sus errores y fracasos, un perdedor incompetente que no podía cambiar. Había momentos en los que ni siquiera toleraba la imagen que veía ¡e incluso quería romper el espejo! Era un ejemplo viviente de la ley espiritual que indica que las barreras más fuertes contra el amor son las que erigimos en nuestro camino.

Utilicé esos reflejos negativos para herirme y para negarme el amor. Al tratarme así, también estaba esparciendo veneno emocional a las personas de mi vida. Como a mi hermano, don Miguel Ruiz Jr., le gusta decir: «No podemos dar lo que no tenemos». Si no me amo de manera incondicional, no puedo ofrecer amor incondicional a los demás. Y lo contrario también es cierto. Cuando me domestico, no puedo evitar domesticar a los demás, y eso siempre se convierte en algún tipo de veneno emocional. Así, aumentamos inadvertidamente la energía negativa en el Sueño del Planeta.

No digo esto para hacerte sentir culpable por las veces en las que has esparcido energía negativa sin darte cuenta de ello. Todos lo hacemos de vez en cuando. Comparto esto para señalar que la mejor manera de poder ayudar a otros y al planeta es amándonos y haciéndonos amigos de nosotros mismos, y dejar de autodomesticarnos.

Otra barrera para el amor es que muchos creemos que no podemos amarnos si no hemos alcanzado una meta determinada o un nivel concreto de desarrollo espiritual. Creemos que no podemos amarnos hasta que alguien nos ame o nos perdone. Sin embargo, eso es solo otra forma de domesticación. El mejor momento para empezar a amarse es ahora mismo, en este mismo instante, sin importar lo que hayas hecho o los errores que hayas cometido. Si te encuentras en un bote que tiene filtraciones, el momento de achicar agua es ahora mismo. No esperes a encontrar el achicador perfecto o descubrir hacia dónde se dirige el bote. Simplemente saca el agua y arregla la filtración, porque una vez que hayas arreglado tu bote podrás comenzar a salvar a otros que se estén ahogando.

He aprendido que no necesito justificar mi amor ni explicarlo. Solo ponerlo en práctica. Cuando intentas justificar o explicar tu amor, creas una torre de razonamiento que otros pueden derribar o, peor aún, que tú puedes derribar con tus propias dudas. «¿Por qué amo a esa persona si ella no me ama?». «¿Cómo puedo perdonar a esa persona después de lo que me hizo?». Pero cuando dejas de intentar justificar tu amor y simplemente lo practicas, nada puede interponerse en tu camino.

EJERCICIO: BONDAD AMOROSA AL ESTILO TOLTECA

Una práctica a la que recurro una y otra vez es enviar amor al mundo. Muchas tradiciones espirituales incorporan alguna variante de esta práctica. Los budistas practican la *metta*, o la práctica de la bondad amorosa, en la cual visualizan a un ser querido, un extraño o incluso una persona que les ha hecho daño y le desean salud, felicidad y paz. Los católicos rezan por los pobres, los enfermos y los necesitados. Los yoguis envían amor al mundo recitando mantras, tocando instrumentos o incluso bailando.

El hilo conductor entre todas estas tradiciones es que no tienes que estar físicamente presente con una persona o grupo para enviarles amor. ¡Ni siquiera debes conocerlos! Solo tienes que generar la energía de la bondad y del amor en tu corazón y la intención de que este beneficie a los demás. Todas estas prácticas comienzan enviándote amor a ti —deseándote salud, felicidad y libertad del sufrimiento— para poder extender ese amor a los demás.

Esta es mi forma favorita de enviar amor al mundo al estilo tolteca:

- Frótate las manos hasta que sientas algo de calor y energía acumulándose entre ellas.

- Visualiza a todas las personas del mundo que necesitan amor en este momento: los enfermos, los que se sienten solos, los vulnerables y todos los que estén sufriendo.

- Extiende las manos e imagina que la calidez y energía que acabas de generar fluye hacia esas personas, donde sea que se encuentren y cualquiera que sea su situación.

- Imagina que esa calidez y energía aplacan su dolor y alivian su sufrimiento, y entrégales todo el amor que necesitan.

- Apoya las manos en tu corazón y permite que un poco de esa calidez fluya hacia tu cuerpo y te llene con la energía del amor.

Hacer esta práctica todos los días puede ayudarte a desarrollar tu habilidad de amar de manera incondicional y extender felicidad a ti y a quienes te rodean.

EJERCICIO: BONDAD CONSTANTE

Ser verdaderamente amable significa aprender a cultivar las semillas de la bondad en ti y en los demás. Representa el compromiso de mirar a los demás bajo una luz positiva, incluso cuando estén haciendo algo que no te guste. Y así como podemos enviar amor a personas que no hemos conocido, podemos extender esa bondad hacia nosotros y hacia quienes nos rodean en cualquier momento de cada día.

Aunque podemos practicar la bondad con cualquier persona que conozcamos, resulta especialmente importante hacerlo con nosotros mismos. Si queremos llegar a un lugar de amor incondicional, una práctica de bondad constante te hará dar el primer paso en el camino.

- Durante las próximas veinticuatro horas, valora todas las formas en las que puedes apreciarte: tu cuerpo, tu apariencia, tus dones intelectuales y artísticos, y los beneficios que brindas a tus seres queridos y a tu comunidad.

- Cada vez que pienses en ello, reconoce tu propia bondad verbalmente o mediante la escritura.

- Da igual si haces estas declaraciones en voz alta o no, pero asegúrate de hacerlo tan a menudo como puedas a lo largo del día.

- Identifica todas las maneras en las que eres maravilloso, útil, hermoso, talentoso, trabajador y sincero.

- Envía una corriente de calidez hacia ti en todo momento.

Para una amiga mía, esta práctica tomó la forma de exclamaciones verbales juguetonas. Cuando se miraba al espejo, exclamaba: «¡Mira qué guapa!». Cuando probó la sopa que estaba cocinando, dijo: «¡Vaya si sé cocinar!». Aunque había un elemento de exageración humorística en esas exclamaciones, también eran honestas. A medida que seguía practicando, se dio cuenta de que se estaba enviando un flujo constante de bondad hacia sí misma en todo momento, incluso cuando no expresaba su aprecio en voz alta. Si eres como mi amiga, quizás descubras que quieres extender esta práctica más de veinticuatro horas y hacerla toda tu vida.

Cuando te encuentras firmemente arraigado en esta práctica de extender una bondad amorosa hacia ti, resulta más fácil ofrecer esa energía amorosa hacia todos a tu alrededor, apreciarlos de forma honesta, incluidas aquellas personas con las que, de otra manera, no sentirías una conexión, las que quizás te desagraden. A partir de ahí, solo hay que dar pasos más pequeños para pasar de la bondad hacia el amor incondicional.

2
LA LIBERTAD DE SANAR

De adolescente, asistí a las clases de capacitación tolteca de mi padre, donde los estudiantes se sentaban en círculo y se pasaban un bastón largo adornado con plumas de águila. Cuando recibías el bastón, era tu turno de hablar.

Me di cuenta de que, a menudo, cuando los aprendices adultos recibían el bastón, escogían compartir una historia de gran sufrimiento, lo que generaba un coro de «ahhh» y «uhhh» por parte de todos. ¡Parecía que estuvieran compitiendo por ver quién había sufrido más! Cuando recibí el bastón, no supe qué decir, porque no tenía ninguna historia triste que contar. Me sentí avergonzado por mi falta de relatos trágicos, y pensé que lo mejor sería encontrar una forma de sufrir para poder yo también convertirme en adulto.

De todas las adicciones a las que los seres humanos somos vulnerables, la adicción al sufrimiento es la más prevalente, sobre todo en Occidente, donde crecemos a base de una dieta constante de conflictos y desgracias. La música, el arte y las películas romantizan momentos de angustia, violencia y tragedia, y nosotros aprendemos a destacar esas experiencias en nuestras vidas. Atesoramos nuestras historias de sufrimiento y nos aferramos a ellas. Cuando la vida está yendo bien, a menudo salimos en busca de más sufrimiento, solo para mantener las cosas interesantes. Revestimos el sufrimiento de una especie de prestigio —el artista adicto a las drogas, el superviviente de un trauma que escribe una biografía exitosa en ventas— y sentimos ansiedad si nuestro sufrimiento no está a la altura del de nuestros ídolos.

Cuando no conocemos alternativas, esa parece ser una forma totalmente normal de vivir. Hace sesenta años, se consideraba normal fumar en aviones y restaurantes abarrotados, un comportamiento que ahora sería considerado grosero y que sabemos que no es saludable. Creo que algún día recordaremos la adicción de nuestra cultura al sufrimiento y la veremos igual, como un comportamiento muy extraño y poco saludable que es mejor dejar en el pasado. Gracias a nuestra adicción al sufrimiento, somos como pasajeros de avión de la década de 1960, respirando entre nubes de humo negro sin darnos cuenta siquiera de que existe una mejor forma de vivir.

Mientras seas adicto a algo, no puedes ser libre. La adicción mantiene tu energía cautiva en la búsqueda interminable de más de la sustancia o comportamiento adictivos, ya sean drogas, amor o sufrimiento. Mientras tu energía esté fluyendo hacia tu adicción, no puede llegar a las partes de tu vida que de verdad necesitan atención, como abrir tu corazón, despojarte de tus antiguos acuerdos y crear una obra maestra que te conduzca a ti y a todo los que te rodean hacia la felicidad. Para avanzar en el camino de la libertad, debes reconocer tu adicción al sufrimiento y tomar la decisión de sanar.

SANAR ANTIGUAS HERIDAS

Cuando somos adictos al sufrimiento, no dejamos de abrir nuestras antiguas heridas una y otra vez, y así evitamos que sanen. A menudo esto sucede porque tememos que, si sanamos, perderemos nuestra identidad. Eso fue lo que me pasó a mí. Durante años, necesité verme como una víctima, primero de la adicción a las drogas, luego de abuso sexual y más tarde de un matrimonio fallido. Ahora me parece una locura decirlo, pero de verdad temía soltar mis antiguas y conocidas heridas. ¿En quién me convertiría sin las historias que me habían definido desde los trece años? Sería como caminar desnudo por la calle, una sensación que me daba miedo y me hacía sentir vulnerable.

Una amiga mía experimentó esto de una manera muy real. De adolescente, le cautivaban las historias de artistas y poetas que sufrían enfermedades mentales. Se había aferrado a la idea de que, para ser un gran artista, había que tener una vida trágica y difícil. A los diecinueve años, se había encasillado en un diagnóstico de enfermedad mental y había hecho realidad su sueño de vivir como una poeta atormentada. Este sueño le causó mucho sufrimiento, pero ella se apegó a él durante años, porque creía que era un elemento necesario para triunfar como artista.

Sin embargo, cuando estaba a punto de cumplir los treinta, su sueño comenzó a desgastarse. Durante mucho tiempo había sabido que, de hecho, no tenía ninguna enfermedad mental. Aun así, se seguía aferrando a esa identidad porque la consideraba una medalla de honor, como lo habían sido para mí mis identidades de víctima. Cuando por fin tomó la decisión de soltar sus antiguos acuerdos sobre la necesidad de sufrir en pos de su arte, fue como ventilar una habitación cerrada. Se dio cuenta de que era perfectamente interesante tal como era. No necesitaba buscar sufrimiento para exhibirlo como un trofeo frente a sus amigos. Bastaba con ser una persona corriente.

Si has creado una identidad alrededor de tus tragedias, decepciones y problemas, puede serte difícil dar el primer paso para cambiar tu sueño. Podrías preguntarte: «¿Qué pensarán las personas si me ven sonriendo?». «Pensarán que mi vida ha sido fácil. Pero no lo ha sido en absoluto». Quizás temes que las personas no te respeten si no saben cuánto has sufrido. Quizás temas parecer inmaduro o infantil, o pienses que perderás algo valioso si renuncias a tus antiguas heridas. Pero eso no es verdad.

La cualidad distintiva de los auténticos chamanes —o de los maestros espirituales en otras tradiciones— es su alegría, no su sufrimiento. Piensa en los maestros espirituales que has conocido en persona. Sus ojos brillan. Parecen irradiar luz con todo su ser. No van cabizbajos, atrapados en el sueño de sus propias heridas. Se mueven de manera pacífica por el mundo, y bañan de luz a todos los que conocen. La cultura occidental nos dice que la felicidad es pasajera e infantil, mientras que el sufrimiento es una señal de madurez y de que «las cosas de verdad son así». Sin embargo, es todo lo contrario. La verdadera señal de madurez es la alegría, no el sufrimiento. La verdadera señal de progreso en el camino de un chamán reside en aumentar la ligereza, no el peso.

DE LAS HERIDAS A LO MARAVILLOSO

En la tradición tolteca, decimos que no hay nada que aprender, que solo podemos «desaprender»: dejar atrás el sufrimiento y las consecuencias negativas que genera.

Nunca olvidaré el viaje que hice a la India cuando tenía diecisiete años. Un día, cuando iba de camino al templo, me encontré a un hombre sagrado que estaba bailando y cantando en la plaza de la ciudad. Un par de empresarios indios estaban de pie cerca de él, observándolo.

—¡Míralo! —exclamó uno—. Creo que está loco.

—Está enamorado de la vida —afirmó el otro.

—¿Estás tú enamorado de la vida? —preguntó el primero.

—No —admitió el segundo.

—Entonces, ¿quién está loco? —respondió el primero.

Desaprender el sufrimiento nos permite convertirnos en ese hombre sagrado, enamorarnos de nuestras vidas. Al igual que el hombre sagrado que baila y canta, nosotros podemos detener el veneno emocional y en su lugar compartir alegría y luz con quienes nos rodean. Podemos convertirnos en mensajeros de la vida en lugar de la muerte, del amor en lugar de la angustia. Sin embargo, solo podemos lograrlo cuando soltamos nuestra adicción al sufrimiento. Y el primer paso para «desaprender» esta adicción es reconocer cómo seguimos aferrándonos a nuestras heridas.

En la tradición tolteca, enseñamos que los seres humanos a menudo se aferran a sus heridas de las siguientes maneras:

Siendo descuidados con las palabras. Cuando somos descuidados con las palabras, nos mentimos a nosotros mismos y a los demás. «No valgo nada». «No puedo cambiar». «Nunca puedo perdonarme a mí mismo ni a los demás». Creamos el entorno perfecto para que nuestras heridas sigan infectándose de manera indefinida. Lo mismo sucede cuando cotilleamos —«Me pregunto qué estará haciendo mi ex». «¿Puedes creer que mi padre hizo eso?»—, abrimos nuestras heridas y evitamos que alguna vez puedan sanar.

Tomándonos las cosas personalmente. Cuando nos tomamos las cosas personalmente, las heridas que quizás habían dejado de doler hace mucho tiempo vuelven a hacerlo, como derramar alcohol sobre una herida abierta y hacer que escueza aún más. «¿Cómo puede decir eso? Sabe que me afecta lo que digan de mi apariencia». «¿Cómo puede ser tan desconsiderado? Necesitaba que viniera, y no apareció». Cuando hacemos esto, tomamos una cantidad ínfima de dolor y la amplificamos hasta conseguir todo el que podríamos desear. Esto puede hacer que las heridas sigan doliendo durante años, cuando habrían sanado naturalmente hace mucho.

Haciendo suposiciones. Cuando hacemos suposiciones, y seleccionamos a conciencia las cosas que quizá nos hieran más, nos cerramos a posibilidades que podrían ayudarnos o sanarnos, como si fuéramos cazadores recolectores que llenan sus canastos solo con las plantas y frutas más venenosas. «Estoy seguro de que yo no le gusto. No creo que quiera saber de mí después de todos estos años». «Me excluyeron de la reunión porque no soy suficiente». Estas suposiciones forman una barrera protectora alrededor de nuestras heridas y evitan que cualquier medicamento llegue a ellas.

No dando el máximo. Tendemos a aferrarnos a nuestras heridas con más fuerza cuando estamos a punto de cambiar. Debido a que tememos alejarnos de lo familiar, no damos el máximo o incluso entorpecemos las cosas deliberadamente con la esperanza de ganar tiempo en nuestra zona de confort. Decidimos ser menos valientes de lo que sabemos que podemos ser, o nos detenemos cuando estamos a punto de hacer un cambio importante que podría ayudarnos a avanzar en nuestras vidas. Protegemos nuestras heridas no dando nuestro máximo, ya que sabemos que eso comenzará a sanarlas.

Muchos de vosotros reconoceréis los principios de arriba de *Los cuatro acuerdos*, el libro superventas de mi padre, don Miguel Ruiz. Lo que quizás no sabéis es que esos acuerdos en realidad conforman la historia de su propio despertar, ya que él superó su propia adicción al sufrimiento al poner en práctica esos acuerdos en cada una de las áreas de su vida.

Más adelante, cuando reconocí otra manera en la que estaba perpetuando mi sufrimiento, mi padre y yo coescribimos un libro llamado *El quinto acuerdo*, en el que presentamos otra manera de aferrarnos a nuestras heridas: al escuchar y aceptar las historias negativas de la mente y no ser escépticos frente a esas ilusiones.

Todos tenemos ilusiones que respaldan nuestras heridas. Sin ellas, estas sanarían y desaparecerían en poco tiempo. Proyectamos esas ilusiones en otros y prácticamente los forzamos a herirnos de las formas en las que deseamos o necesitamos. Por ejemplo, si tienes una herida que se relaciona con la traición, podrías buscar personas y situaciones en las que es casi seguro que te traicionarán, y luego decirte: «¡Siempre me pasa lo mismo!». Sin embargo, cuando actúas así, eres incapaz de reconocer que has ignorado las señales de advertencia que estuvieron allí todo el tiempo. Si tienes una herida que se relaciona con la falta de autoestima, quizás utilices a otras personas para hacerte sentir poco valioso. Por ejemplo, podrías buscar activamente formas de sentirte despreciado o ignorado, y elegir interpretar esas acciones bajo una luz dolorosa, incluso si son posibles otras interpretaciones.

En la Biblia, Jesús les dice a sus discípulos: «La verdad os hará libres». Y, de hecho, esta idea se expresa de manera hermosa en muchas tradiciones espirituales diferentes. Sin embargo, otra verdad es que la mayoría de las personas no quieren ser libres; quieren permanecer en su sufrimiento habitual. Cuando tomas la decisión de sanar tus antiguas heridas, rompes un hechizo que has depositado en ti semanas, meses o incluso años atrás, ya que creías que tus heridas te definían y que eran tan centrales para tu identidad que no podías vivir sin ellas. Cuando rompes el hechizo, dejas de expandir dolor y sufrimiento, y comienzas a brillar. Te enamoras de la vida, y tu vida se convierte en una maravillosa obra de arte.

EJERCICIO: DETECTA LA ADICCIÓN DE LA MENTE AL SUFRIMIENTO

Nuestras mentes tienden a buscar lo que les resulta familiar. Desafortunadamente, esta tendencia puede alimentar la adicción al sufrimiento si lo que es familiar es una sensación de victimización, depresión, culpa o algún otro estado negativo. En otras palabras, tu mente puede escoger la infelicidad simplemente por cuestión de hábito, de la misma manera que eliges un bocadillo conocido incluso cuando existen mejores opciones disponibles. La primera vez que descubres a tu mente haciendo esto, ¡es una revelación!

Una amiga mía se alojó en un hermoso santuario tropical repleto de árboles frutales y flores. El terreno era propiedad de un pequeño grupo de personas que disfrutaban de toda la franja costera para ellas. Tenían agua fresca de manantial para beber, una comida orgánica increíble y hermosas olas que rompían justo frente a sus puertas. Cada persona tenía un amplio espacio para vivir, y los recursos eran tan abundantes que había muy poco sobre lo que discutir. Aun así, muy pronto los miembros de esa diminuta comunidad lograron encontrar cosas sobre las que generar discusiones. «Aquí hace sol todos los días; nunca cambia». «¿Has visto que ha dejado tiradas por ahí las cáscaras de coco?». «Me pidió prestado el cubo ayer y aún no me lo ha devuelto».

La mayoría de nosotros ha experimentado alguna versión de esta tendencia humana a buscar sufrimiento, incluso cuando todo está bien. Nos acostumbramos tanto a rodearnos de drama y tristeza que cuando las cosas salen bien no podemos tolerarlo por mucho tiempo y nuestras mentes buscan problemas. Y si nuestras mentes no logran encontrar algo real para sufrir, se encargarán de crearlo.

En este ejercicio, te invito a observar la adicción de tu mente al sufrimiento en acción.

- La próxima vez que descubras que tu mente se está quejando, haz una pausa y pregúntate: «¿Vale la pena sufrir por esto?». El mero acto de hacer una pausa y hacerte esta pregunta alterará el ciclo habitual y te otorgará el espacio que necesitas para establecer un patrón nuevo.

- Observa tus pensamientos y las reacciones de tu cuerpo con tanto detalle como puedas. Imagina que eres un comentarista deportivo que narra la acción de un partido. «Estoy sintiendo mariposas en el estómago. Ahora mi mente me dice que llegaré tarde, y mi jefe se enfadará. Ahora está diciendo que todo es culpa de Jennie por pedirme que la ayude a encontrar sus llaves esta mañana. Ahora está diciendo que siempre dejo que las personas se aprovechen de mí».

- Incluso mientras tomas distancia de tus pensamientos, mantente cerca de las sensaciones corporales. Permite que se manifiesten como pequeñas ondas en una laguna.

- Fíjate en que, a diferencia de tus reacciones mentales, esas sensaciones pueden ser inofensivas. Si las dejas aparecer y desaparecer, no te harán daño a ti ni a nadie más. No esparcirán sufrimiento.

Cuando prestas atención a tus emociones de esta manera, mantienes un estado de libertad personal y rompes la adicción de tu mente al sufrimiento.

EJERCICIO: CONECTA CON LA SANACIÓN

A veces, las personas que nos resultan más inspiradoras son las que han tomado la decisión de sanar sus heridas. Piensa en los trabajadores sociales y maestros que han dedicado sus vidas a ayudar a niños que han sido víctimas de maltrato después de superar sus propias infancias difíciles, o los monjes y monjas que sobrevivieron a la guerra y decidieron difundir un mensaje de paz. Aunque para ellos no fue necesariamente fácil superar el dolor de su pasado, su persistencia benefició a todos a su alrededor. Estas personas inspiradoras escogieron no solo sanar sus propias heridas, sino utilizar esa sanación al servicio de los demás.

En este ejercicio, te invito a conectar con la energía de las personas que te inspiran, y a tomar fuerza de ellas para sanar tus propias heridas.

- Piensa en una persona que haya superado una herida seria, como un abuso, un trauma, un duelo o una adicción. Puede ser un amigo cercano, un miembro de tu familia o alguien a quien no conoces, como un famoso o maestro espiritual.

- Piensa en las cualidades que encarna esta persona: generosidad, compasión, bondad, amabilidad e incluso sentido del humor.

- Genera esos sentimientos en tu cuerpo, mente y corazón. ¿Cómo sería ser tan generoso, compasivo, bondadoso, amable y divertido como la persona que estás imaginando?

- Imagina ese estado del ser con tanto detalle como puedas. Advierte qué sucede en tu cuerpo, mente y corazón cuando te imaginas encarnando esas cualidades.

- Imagina los dones que podrías ofrecer a tus amigos, familia y comunidad si encarnaras esas cualidades todo el tiempo. Quizás tendrías una mayor capacidad de ofrecer consuelo a quienes están sufriendo. Quizás serías menos propenso a difundir estrés y ansiedad, y en su lugar actuarías como una luz de esperanza. Imagínate siendo de verdad provechoso para todos los que te rodean.

- Identifica si tu mente comienza a interceder con juicios, dudas o negatividad. «Nunca seré tan buena como esa persona». «Es mucho más espiritual de lo que yo seré nunca». Esa es la voz de la domesticación que intenta atraerte de nuevo a la adicción al sufrimiento.

- Lleva amor incondicional a esa voz y dile: «Te escucho y te amo. Sé que hablas desde un lugar de antiguas heridas, y te contengo con la fuerza del amor. La verdad es que sí poseo todas esas cualidades buenas, y las albergo en mi interior».

Este ejercicio es muy poderoso porque te permite experimentar de manera directa los beneficios de soltar la adicción de tu mente al sufrimiento, lo que luego se convierte en una motivación fuerte para continuar con el trabajo arduo. Al conectar con la energía de personas que han sanado de sus heridas y superado la propia adicción de sus mentes al sufrimiento, puedes encontrar más fácilmente el respaldo para lograr lo mismo.

3
LA LIBERTAD DE CAMBIAR

Los chamanes de mi familia me enseñaron hace tiempo que los seres humanos siempre llevamos máscaras puestas. A veces las lucimos con ligereza, pero otras nos pesan demasiado. En la tradición tolteca, estas máscaras no siempre se consideran algo negativo; a veces pueden ser muy útiles. Un chamán hábil puede tomar prestada una máscara para interactuar con una persona o grupo en concreto de la manera más eficaz y amorosa. Siempre y cuando recuerdes que es solo una máscara, no hay problema.

Por ejemplo, cuando asistes a la cena de Acción de Gracias con tu familia, puedes llevar la máscara de «hija» o «nieta» o «sobrina», en lugar de la máscara de «chamán» o «líder de equipo» o «jefe». Esto no significa que estés reprimiendo otras identidades o negando su existencia. Solo las haces a un lado de manera temporal en favor de la máscara que esté al servicio del bien mayor en ese momento y te permita conectar con las personas que te rodean de una manera amorosa y productiva.

Los budistas denominan *upaya* o «medios hábiles» a la habilidad de adaptar sabiamente un mensaje a un público o persona concretos. Piensa en cómo los padres adaptan ciertos mensajes a sus hijos a medida que crecen. La información que se da a un niño de tres años es muy diferente de la información que se da a alguien de siete, trece o veintiún años. Los padres hábiles adaptan cada mensaje a la capacidad del niño de escuchar y comprender, y los chamanes hábiles hacen lo mismo. Un chamán hábil es respetuoso con la cosmovisión de los demás y no busca impresionarlos, abrumarlos o romper sus realidades. En cambio, un chamán siempre considera qué es lo mejor y más apropiado para cada persona en un momento concreto.

Cuando me encuentro con determinados aprendices o cuando lidero excursiones espirituales a las pirámides en Teotihuacán, a menudo utilizo la máscara de «maestro» o «guía». Con otros aprendices, puedo desprenderme de ella, porque ya no me resulta necesaria. Cuando estoy en una parrillada en mi vecindario, puedo ponerme con alegría la máscara de «vecino». Si me presentara a la reunión con mi máscara de «maestro», sería poco hábil en el sentido budista de la palabra, ya que mis vecinos no están intentando conectar conmigo en ese sentido.

Administrar tus máscaras hábilmente no significa adular a otros o adoptar cualquier personaje que hará que los demás te quieran. Al contrario, significa que puedes llevar tu versión más elevada a cada encuentro y expresar un profundo respeto a cada persona que conozcas.

Existe una historia maravillosa en el *Sutra del loto* que ilustra el concepto de «medios hábiles». Un hombre se encuentra en su hogar con sus tres hijos cuando la casa se incendia. El hombre tiene que poner a salvo a los tres niños, pero ellos están inmersos en sus juegos y no quieren salir de la casa. Para atraer a los niños afuera, el hombre ofrece a cada uno un regalo diferente. Como presta atención a sus hijos, sabe exactamente qué ofrecerles para despertar su interés y hacerlos correr a un lugar seguro. En otras palabras, adapta su mensaje con cautela de acuerdo con las necesidades de cada niño, a pesar de que su meta final es la misma: hacerlos salir de la casa en llamas y conducirlos a un lugar seguro.

Tal como el padre de la historia presta atención a las necesidades de sus hijos, en la tradición tolteca siempre respetamos las necesidades y cosmovisiones de las personas que nos rodean. Al gestionar nuestras máscaras con sabiduría, llevamos nuestras identidades más elevadas a todas nuestras interacciones, incluso con aquellos que están en una frecuencia muy diferente de la nuestra. Tomar máscaras prestadas puede ayudarnos a construir puentes con los demás y a forjar conexiones donde no habría sido posible. En este sentido, las máscaras pueden ser muy útiles y maravillosas.

El problema aparece cuando confundes una máscara en concreto con quien eres tú de verdad. Cuando te identificas con una máscara, asumes un papel concreto o un personaje en una historia soñada, y esos roles siempre están sujetos a los altibajos de ese mundo soñado. Pero los sueños terminan colapsando, de modo que, si crees que tú eres la máscara, sufrirás inevitablemente cuando esta ya no te sea útil ni a ti ni a los demás. Cuando te olvidas de que cada papel que adoptas es solo una máscara temporal, renuncias a la libertad de cambiar.

CAMBIAR DE MÁSCARA

Una amiga mía era profesora titular en una prestigiosa universidad de la costa este de Estados Unidos. Enseñaba informática, un campo de lo más frío y racional. Cuando a su hermana le diagnosticaron un tumor cerebral, se tomó un año sabático para cuidarla. Durante las largas horas que estuvo junto a la cama de su hermana, pasó mucho tiempo leyendo libros espirituales y meditando. Una tarde, se durmió y soñó que se cargaba a su hermana a la espalda y la ayudaba a cruzar un arroyo claro y brillante para encontrarse con sus ancestros irlandeses y escoceses que la esperaban al otro lado.

Al día siguiente, mi amiga sostuvo la mano de su hermana y le cantó mientras ella exhalaba su último aliento. Sintió que su sueño había sido un regalo, que le permitió ofrecerle consuelo y alivio a su hermana en el momento de su muerte. El semestre siguiente, cuando regresó a la universidad, siguió teniendo sueños en los que ayudaba a las almas de los muertos a cruzar. Aunque siempre había sido una persona escéptica que cogía con pinzas los asuntos «espirituales», ahora se sentía poderosamente atraída hacia el trabajo espiritual. Muy pronto comenzó a considerarse a sí misma una chamana.

Durante un tiempo, intentó esconder de sus colegas lo que le sucedía. No quería hablar de la muerte de su hermana ni de lo que estaba experimentando en sus sueños. Incluso escondió sus sentimientos a su esposo y amigos. Cuando llevaba libros espirituales de la biblioteca o de la tienda a su casa, los escondía debajo de la cama, para leerlos solo cuando nadie más estuviera en su hogar. Temía lo que sucedería si se otorgaba la libertad de cambiar. ¿Qué dirían los demás si se enteraban de que ahora le interesaban profundamente las mismas cosas que había menospreciado de joven? ¿Qué harían si les permitía ver este nuevo aspecto que afloraba de manera lenta pero persistente?

No solo eso, sino ¿qué pensarían los chamanes «reales» si se enteraban de que una profesora de informática de mediana edad estaba adoptando ese rol? Por supuesto, era más seguro quedarse en su papel asignado. De lo contrario, afligiría a todos, tanto a los colegas que esperaban que ella fuera una persona lógica, como a las personas «espirituales» que tenían sus propias ideas sobre cómo debía ser un chamán.

Sin embargo, con el tiempo comenzó a sentir que llevaba una máscara. Cuando trabajaba en la universidad, sentía que esta oscurecía su verdadero yo. Solo en determinados momentos se sentía a salvo para quitársela. Comenzó a darse cuenta de que «profesora de informática» había sido una máscara todo ese tiempo, solo que nunca le había molestado. Esa máscara le había permitido compartir su increíble conocimiento con estudiantes talentosos y desarrollar una carrera emocionante y satisfactoria en la que había trabajado con colegas inspiradores. Le había brindado una forma de expresar su inteligencia y ahondar en un campo que le fascinaba.

El problema surgió cuando ella asumió que esa máscara era la única disponible para ella. Necesitaba otorgarse el permiso de llevar máscaras nuevas que expresaran su identidad completa, pero temía lo que sucedería si los demás la veían de forma diferente. Aún no había descubierto una manera elegante de expandir su variedad de máscaras. No había descubierto una forma elegante de cambiar.

Sin embargo, un día una colega le explicó una experiencia espiritual que había tenido en un viaje a México, y mi amiga se dio cuenta de que mostrarse como «espiritual» no supondría el final de su vida ni de su carrera. Se recordó que solo tenía una vida, y que sería tonto desperdiciarla aferrándose a una sola máscara cuando había otras partes de ella que quería y necesitaba expresar. Habló a su colega de los sueños que había estado teniendo desde la muerte de su hermana, y a partir de ese momento, comenzó a integrar su yo espiritual con su identidad como profesora universitaria.

Se otorgó la libertad de cambiar.

DECIR «NO»

Otorgarse la libertad de cambiar significa aceptar otra libertad: la libertad de decir que «no». Desde que naces, te conviertes en un personaje de los sueños de los demás.

Los médicos dicen: «¡Es una niña!». Y, de inmediato, tus padres comienzan a imaginar un futuro concreto para ti, que comienza con una habitación rosa y sigue con una carrera y una pareja romántica determinadas. O los médicos dicen: «¡Es un niño!». Y tus padres al instante imaginan un futuro totalmente distinto.

¿Cómo es posible que estas dos palabras —niña y niño— lancen un hechizo tan poderoso? Sin embargo, para casi todos, configuran el primer sueño que se nos impone. Definen el primer acuerdo que aprendemos a aceptar sin darnos cuenta de que lo estamos haciendo. El sueño del género binario está tan extendido, y es tan poderoso, que solo en las últimas décadas nuestra sociedad ha comenzado a reconocer sus limitaciones, o a aceptar a las personas que se niegan a verse limitadas por él.

Mientras crecemos, los adultos a nuestro alrededor lanzan más y más hechizos mágicos, y nos terminan involucrando en más y más acuerdos. Quizás a ti te dijeron que eras católico, así que tuviste que seguir ciertas reglas. O quizás te dijeran que, como eras bueno en matemáticas, debías ser ingeniero.

Luego están los acuerdos implícitos. «Todos los hombres de nuestra familia acaban siendo alcohólicos, y tú posiblemente también». «Todas las mujeres de nuestra familia desarrollan trastornos alimentarios, y seguramente tú también». «Nuestra comunidad no se relaciona con personas de ese grupo». Esa es la domesticación en acción. Aprendemos que, si aceptamos esos acuerdos, recibimos la aprobación de quienes nos rodean. Si no lo hacemos —si nos atrevemos a considerar un cambio—, nos arriesgamos a ser avergonzados o rechazados.

Sin embargo, si recibes la llamada a cambiar, debes reunir el coraje para rechazar esos antiguos acuerdos, incluso aunque temas que, al hacerlo, enfades o decepciones a otras personas. Debes tener el coraje de decir «no».

Una amiga mía llevaba casi veinte años casada con su novio del instituto. Sus amigos los consideraban una institución, una historia de éxito casi inaudita en un mundo donde el divorcio es habitual. Incluso personas casi desconocidas se acercaban a ellos en busca de consejo. El mundo entero parecía compartir el sueño de que ella y su esposo eran la pareja ideal, destinados a estar juntos toda la vida. Ella había oído tantas historias sobre lo afortunada que era de estar en una relación tan duradera y supuestamente amorosa que sentía que tenía el deber de sostener ese sueño para sus amigos, familia y el mundo entero, a pesar de los numerosos problemas que se estaban desarrollando en el matrimonio. No sentía que tuviera la libertad de cambiar ese sueño, ni siquiera cuando su esposo empezó a maltratarla. Había perdido el poder de decir «no».

Más adelante, un día, se descubrió un bulto en el pecho y, mientras esperaba los resultados del análisis, se dio cuenta de que solo tenía una oportunidad de vivir su vida. Nadie llegaría para salvarla de su matrimonio. Ella era la única persona que podía romper los antiguos acuerdos que la mantenían allí: acuerdos sobre lealtad, compromiso y sobre hacer que las cosas funcionen a toda costa. Ella era la única persona que podía escuchar con atención las historias que los demás le contaban sobre su maravilloso matrimonio y decir: «Pues voy a tomar una decisión diferente».

Cuando mi amiga por fin dejó atrás su matrimonio, algunos se negaron a entender su posición. Al fin y al cabo, ella se había convertido en un personaje de los sueños de los demás de cómo eran los matrimonios exitosos. Que fuera en contra de sus guiones los fastidiaba, ya que contradecía todas las historias que tanto se habían esforzado en crear. Al mismo tiempo, la vida de mi amiga mejoró mucho, ya que por fin estaba creando su propio arte. En lugar de sufrir por dentro mientras vivía los sueños de otras personas, decidió cambiar su acuerdo, gracias a lo cual su vida mejoró.

Cuando nos damos cuenta de que los demás están soñando, resulta mucho más fácil sentir compasión por ellos en lugar de enfadarnos cuando intentan asignarnos roles en sus sueños.

EL ARTE DE LA TRANSFORMACIÓN

En la tradición tolteca de mi familia, enseñamos el arte de la transformación. No me refiero a transformarte en un gato negro o un jaguar. Me refiero a vivir en una relación dinámica con la vida: ser receptivo a las circunstancias y dejar de aferrarte a cualquier identidad única. Los chamanes comprenden que las máscaras de maestro, estudiante, trabajador, víctima, vencedor e incluso hombre y mujer son expresiones de un aspecto de nuestras identidades, no descripciones completas y finales. Aunque puede ser apropiado adoptar la identidad de maestro o estudiante e, incluso, de víctima en determinadas situaciones —de la misma manera que puede ser apropiado vestirse de cierta manera dependiendo de si asistirás a una boda o a un concierto de *rock*—, los chamanes nunca olvidan que esas identidades son temporales y variables.

La libertad de cambiar es quizás la característica distintiva de la juventud. Los niños y adolescentes a menudo están más en contacto con sus poderes de transformación que los adultos. Piensa en cómo los niños juegan a disfrazarse, y un día se convierten con alegría en vaqueros y al otro en princesas. O cómo los adolescentes se identifican como estrellas de *rock punk* un año y atletas al siguiente, o góticos y luego activistas medioambientales. De jóvenes, nos aferramos a cierta identidad con mucha intensidad y vigor, solo para descartarla cuando otra nos llama la atención. No desperdiciamos energía aferrándonos a antiguas identidades, sino que nos permitimos transformarnos a medida que el espíritu nos guía.

No obstante, cuando crecemos, a menudo nos dicen que deberíamos dejar de cambiar. Nos dicen que deberíamos escoger una carrera, o un camino espiritual, o un esposo o esposa, o un papel concreto en nuestra familia, y ceñirnos a esa elección. En la sociedad moderna, cambiar uno de esos roles a veces se asocia incluso con el fracaso o la vergüenza. A menudo tememos que las personas se enteren de que nos estamos divorciando, o que utilizamos pronombres diferentes, o que nos embarcaremos en un camino espiritual distinto de aquel en el que nos criaron, porque nos han enseñado a creer que esos cambios significan que hemos fallado o roto algún contrato implícito con las personas que nos rodean.

La comunidad de tu iglesia quizás espere que seas de la congregación de por vida, y tú temes que sientan que tu cambio de rumbo es una traición. O quizás tus padres esperan nietos, y tú sabes que se decepcionarán si te separas de tu pareja. Puede existir una gran presión para que te mantengas en el camino, y eso puede hacer que te aterre hacer los cambios que necesitas. Piensa en el sufrimiento que mi amiga profesora atravesó porque temía las consecuencias de «transformarse» en su nuevo rol de chamana.

Lo que sucede es que una vez renuncias a tu libertad de cambiar, también lo haces a tu capacidad de crear. Quedas atrapado en una identidad estrecha y rígida y dejas de ver las infinitas posibilidades de la vida. Por ejemplo, si te identificas como adicto al trabajo, puede que pierdas contacto con esa faceta de tu personalidad que es divertida, relajada y tranquila. Si te identificas como mujeriego, puede que nunca descubras tu potencial para el compromiso profundo y el amor devoto. Si te consideras un lobo solitario, quizás sin darte cuenta restrinjas tu capacidad de forjar amistades y tu habilidad para formar comunidad. En lugar de crear el arte de tu vida con una vibrante paleta de colores, quizás comiences a limitarte tanto de formas conscientes como inconscientes. Y esta limitación no solo te afecta a ti, sino que impide que desarrolles por completo los dones que puedes ofrecer a los demás.

Mi amiga profesora ahora ofrece servicios chamánicos a sus amigos cercanos, un don que nunca hubiera tenido la oportunidad de desarrollar si no se hubiera otorgado el permiso para cambiar. Otros amigos míos que han cambiado de carrera, terminado relaciones y cambiado de identidad de género han ofrecido regalos maravillosos al mundo gracias a esos cambios, regalos que habrían quedado reprimidos para siempre si ellos hubieran permanecido atrapados en sus antiguos roles.

LA LECCIÓN DE SIDDHARTHA

El clásico de Hermann Hesse, *Siddhartha*, contiene un hermoso relato sobre la transformación. En las últimas páginas del libro, el amigo de Siddhartha, Govinda, encuentra a este sentado junto a un río. Siddhartha ha estado buscando la iluminación siguiendo a varios maestros y probando diferentes identidades. Después de pasar años viviendo como príncipe, asceta, hombre de negocios y buscador espiritual, finalmente encuentra la iluminación mientras medita junto al río. Siddhartha invita a Govinda a besarlo en la frente, y cuando Govinda lo hace, esto es lo que sucede:

> Ya no vio el rostro de su amigo Siddhartha, y en su lugar vio otros rostros, muchos, una larga serie,

un caudaloso río de rostros, cientos, miles de ellos, que llegaban y pasaban, y sin embargo todos parecían estar allí en simultáneo, aunque se renovaban y cambiaban de manera continua, y todos eran Siddhartha.

Desde una perspectiva chamánica, podríamos decir que Siddhartha había trascendido su identidad limitada como príncipe, asceta, buscador espiritual y hombre de negocios, y se había convertido en un cambiaformas, alguien que se encuentra en un estado constante de cambio y renovación. Govinda literalmente contempla todas las máscaras que fluyen junto a él en el río, hermosas y efímeras, y todas son la expresión de la fuerza vital infinita que fluye por Siddhartha.

En otras historias, Siddhartha confronta a un ser demoniaco llamado Mara, que intenta engañarlo para que se aferre a una sola y limitada identidad y, por lo tanto, permanezca en un ciclo de sufrimiento. Al resistirse a los engaños de Mara, Siddhartha descubre que su identidad es ilimitada y está en constante transformación, y así evita quedar atrapado en la adicción al sufrimiento.

Al igual que Siddhartha, todos estamos sujetos a la tentación constante de identificarnos con una o más versiones limitadas de nosotros, tentación que puede adoptar muchas formas. Quizás nuestras parejas, padres o hijos necesiten vernos de una forma determinada, por lo que asumimos esa identidad para complacerlos. O asignamos un valor elevado a una identidad determinada y nos aferramos a ella para complacernos a nosotros mismos. O simplemente estamos tan acostumbrados a vernos de tal manera que perdemos el contacto con nuestra naturaleza ilimitada. Sea cual sea la causa, quedamos atrapados en una identidad fija y renunciamos a nuestra libertad de cambiar.

A todos nos han hecho preguntas orientadas a fijar nuestra identidad de cierta manera. «¿Qué eres?». «¿Cuál es tu profesión?». «¿De qué etnia eres?». «¿Qué clase de persona eres?». Cuando me hacen esas preguntas, pienso para mis adentros: «Soy solo vida». Soy potencial infinito que se manifiesta de una forma concreta en un momento concreto; nada más y nada menos. Ya no me apego a etiquetas como lo hacía cuando era más joven. Aunque tal vez aún afirme que soy fanático del *rock*, o guerrero tolteca, o amante de los perros, pronuncio esas palabras solo en beneficio del oyente, ya que yo siempre estoy al tanto de la inmensidad que existe detrás de esas máscaras temporales.

LA RESISTENCIA AL CAMBIO

Los chamanes depositan un gran valor en su libertad de cambiar, pero también extienden esta a los demás. Y eso a veces es incluso más difícil que darte esa libertad a ti. Si estás acostumbrado a que alguien cumpla con cierto rol o lleve puesta una máscara en concreto en tu historia, es posible que te enfades, te dé miedo o te pongas a la defensiva cuando esta exprese necesidad de cambiar.

Un amigo mío se preocupó mucho cuando su esposa dejó su trabajo en una gran empresa, donde ganaba un buen salario, para trabajar en una organización sin ánimo de lucro. Esto no solo tuvo un gran impacto en la economía familiar, sino que desafió profundamente la idea que él tenía de ella y, por extensión, de sí mismo. Reaccionó a esa amenaza percibida presionándola para que recuperara su antiguo trabajo. Incluso escondió la situación a sus amigos por miedo a que afectara a su posición social. Solo después de un proceso profundo de introspección se dio cuenta de que se estaba aferrando a una identidad que estaba impidiendo el crecimiento tanto de su esposa como de sí mismo.

Nuestra resistencia al cambio también puede derivar de la adicción de la mente al sufrimiento. Otro amigo pasó muchos años enfadado con su padre, un alcohólico que había abandonado a la familia cuando él era pequeño. Cuando mi amigo tenía treinta y tantos, su padre volvió a ponerse en contacto con él e intentó hacer las paces. Había recibido tratamiento para su alcoholismo y estaba muy involucrado en el servicio comunitario y el trabajo espiritual.

Ese era un cambio muy positivo teniendo en cuenta que antes había sido una persona temperamental y desconectada. Sin embargo, mi amigo estaba tan aferrado a la imagen negativa de su padre que, durante años, se resistió e incluso sintió resentimiento por ese cambio positivo. Se había apegado a la identidad que había creado alrededor del abandono de su infancia.

Se había hecho adicto al sufrimiento que experimentaba cuando se relataba a sí mismo y a los demás la historia a lo largo de los años. Como consecuencia, ¡no renunciaría a su historia sin oponer resistencia!

Finalmente, un amigo lo llamó y le dijo que su propio padre había fallecido recientemente después de una larga enfermedad. Aunque esa persona tampoco había tenido una relación cercana con su padre en su infancia, habían logrado conocerse bien de adultos. Y sentía una gratitud infinita por el tiempo que habían podido pasar juntos. En el rol de «padre de un niño» su padre no había brillado, pero ser «padre de un adulto» se le había dado sorprendentemente bien. Dio a entender a mi amigo que a él podría pasarle lo mismo.

De hecho, cuando mi amigo dio el valiente paso de darle a su padre una segunda oportunidad, se dio cuenta de que este podía dar mucho más ahora, en el presente, de lo que hubiera podido hacía años. Al permitirle cambiar, finalmente recibió el amor que había sido inaccesible para él de niño, y eso hizo que mi amigo también cambiara.

Cuando les negamos a otras personas la libertad de cambiar, reprimimos el flujo de la vida y bloqueamos las poderosas corrientes del amor, el perdón y la alegría. Los chamanes honran la libertad de cambiar tanto en sí mismos como en los demás, y reconocen que el cambio es la característica distintiva de la vida.

EJERCICIO: LLEVA TUS MÁSCARAS CON LIGEREZA

En este ejercicio, te invito a crear algo de espacio en torno a las máscaras que usas con regularidad.

- Escribe una lista de cada una de tus identidades. «Soy mujer». «Soy madre». «Soy superviviente de cáncer». «Soy mejor amiga». «Soy yogui». «Soy masajista». «Soy depresivo».

- Revisa la lista y convierte cada declaración en una pregunta. «¿Soy mujer?». «¿Soy superviviente de cáncer?». «¿Soy una persona deprimida?». «¿Soy masajista?».

- Hazte estas preguntas y detecta cualquier cambio sutil en tu cuerpo y emociones. ¿Experimentas una sensación de ligereza en el cuerpo cuando te preguntas si de verdad eres una mujer? ¿Una persona deprimida? ¿Un profesional? ¿Experimentas una sensación de expansión o contracción? ¿Quieres reír? ¿Llorar? ¿Enfadarte?

Cuando una persona que conozco hizo este ejercicio, notó una sensación de opresión y tristeza cuando se preguntó: «¿Soy esposa?». Nunca se había dado cuenta de lo infeliz que era en su matrimonio, que se regía por roles muy tradicionales en la división de tareas. Después de reflexionar sobre esos sentimientos durante un tiempo, tomó la decisión de volver a estudiar para conseguir un título en negocios y forjar una carrera que le otorgara una identidad que no fuera «únicamente» ser esposa.

Las emociones y sensaciones que identificas cuando haces este ejercicio te brindarán información importante sobre las áreas en las que te estás negando la libertad de cambiar y, por consiguiente, limitando tu libertad personal. Al convertir tus afirmaciones de identidad en preguntas, aprendes a llevar tus máscaras con ligereza. Al escuchar las respuestas sutiles que te brindan tu mente y cuerpo, conectas con tu potencial infinito para cambiar, da igual que sientas o no la necesidad de actuar a partir de ese potencial en ese momento.

Piensa en cómo sostendrías a un pichón que encuentras en el césped: con suavidad, las manos ahuecadas, otorgándole la libertad de volar cuando sea el momento indicado. Al sostener a tus múltiples identidades de la misma manera, puedes hacer un uso sabio y hábil de todas ellas durante el tiempo que estén contigo, a la vez que mantienes la apertura a los cambios.

EJERCICIO: RECONOCE LOS BENEFICIOS DEL CAMBIO

Muchos experimentamos una oleada involuntaria de resistencia cuando nos vemos confrontados por el cambio, incluso antes de tomarnos el tiempo de pensar sobre si podría ser positivo. Esta resistencia puede adquirir forma de reacciones físicas como tensión, sudoración o respiración superficial. Puede manifestarse como reacciones mentales, pensamientos ansiosos o anticipatorios, o reacciones emocionales, como sentimientos de temor, tristeza o enfado. Estas reacciones pueden resultar tan incómodas que a menudo cometemos el error de creer que son «pruebas» de que el cambio en cuestión es malo. Sin embargo, a menudo los cambios que nos generan la mayor ansiedad terminan siendo los más positivos para nuestras vidas.

En este ejercicio, te invito a forjar una relación nueva con tu resistencia natural al cambio.

- Reflexiona sobre tu vida y escribe una lista de los cambios que más te atemorizaron. Puedes incluir cosas sencillas como comenzar a ir a la guardería, o cosas más complejas como cambiar de carrera, casarte, tener un hijo o tratar una adicción.

- Escribe los síntomas físicos, mentales y emocionales que experimentaste mientras contemplabas esos cambios. Por ejemplo, quizás experimentaras insomnio, preocupación o pensamientos circulares mientras te cuestionabas si serías capaz de cuidar bien a un bebé.

- Considera tu relación actual con ese suceso. A largo plazo, ¿fue tan malo ese cambio como temías? ¿Qué beneficios inesperados obtuviste como resultado de ese cambio? Escríbelos.

- Para cada cambio listado, escribe el mayor miedo que sintieras al respecto, y el mayor beneficio que hayas recibido. «Aunque temía que convertirme en padre hiciera aflorar lo peor de mí, descubrí una capacidad inmensa para amar». «Aunque temía que nunca podría volver a forjar una relación cercana con nadie después de que mi mejor amiga falleciera, su muerte me hizo valorar mis relaciones incluso más, y ahora tengo un círculo muy estrecho de amigos».

Este ejercicio puede ayudarte a tomar conciencia de que tu resistencia inicial a un cambio en concreto no es necesariamente un reflejo preciso de tus sentimientos a largo plazo con respecto a él. A veces, los cambios que más tememos nos brindan los mayores beneficios. Cuanto más aprendas a reconocer y apreciar esa paradoja, más fácil te resultará aceptar los cambios.

4

LA LIBERTAD DE SENTIR

En la tradición tolteca, creemos que, igual que tenemos un cuerpo físico que siente el calor y el frío, el hambre y la falta de sueño, también tenemos un cuerpo emocional que está diseñado de forma hermosa para sentir tristeza, alegría y todo lo que hay en medio. La mayoría tenemos, al menos, una conexión básica con nuestro cuerpo físico; nos ponemos un jersey cuando sentimos frío y comemos cuando tenemos hambre. Sin embargo, cuando se trata de nuestros cuerpos emocionales, muchos no nos ofrecemos el mismo respaldo. De hecho, a menudo, nos han enseñado a ignorar nuestros cuerpos emocionales, o incluso a odiar y reprimir nuestras emociones.

Para algunos, esta represión puede ser tan automática que ni siquiera nos damos cuenta de que está sucediendo. Simplemente nos resulta «normal» tapar nuestras emociones, y también aceptamos como «normales» las consecuencias y efectos secundarios de esa represión: frustración, incomodidad, incapacidad de forjar conexiones cercanas con los demás y una tendencia a estallar o desmoronarnos cuando la presión nos supera. Utilizamos nuestra preciada fuerza vital para reprimir nuestro cuerpo emocional, ¡una situación realmente extraña!

Imagina que visitas un país en el que se considera indecente respirar. Los habitantes de ese extraño lugar hacen un gran esfuerzo para ocultar que están respirando: mantienen rígido el cuerpo para evitar que el pecho suba y baje, intentan ahogar el sonido del aire que pasa por la nariz y muestran otros comportamientos extraños. Como visitante de esa cultura, probablemente sea evidente para ti que contener el flujo sano y normal de la respiración es una locura. A fin de cuentas, todos respiramos, de modo que ¿por qué fingir lo contrario?

También puedes notar que las personas de ese lugar han desarrollado algunos problemas de salud mental y física bastante dolorosos debido a esa obsesión por ocultar y reprimir su respiración. Por ejemplo, tienen más ansiedad a causa de la restricción del flujo de oxígeno hacia sus cerebros. Estallan de ira o angustia cuando la frustración se vuelve demasiado intensa. Sufren dolores de cabeza frecuentes. En algunos casos, su piel incluso se torna azul. ¿No te darían ganas de decir: «¡Estáis locos! Respirar es bueno y natural, no algo malo y vergonzoso. Por favor, permitíos respirar».

No obstante, si los ciudadanos de esa cultura extraña visitaran nuestro país, es probable que nos dijeran algo bastante parecido. Observarían cómo escondemos y reprimimos nuestras emociones y dirían: «¡Los locos sois vosotros! Sentir es bueno y natural, no algo malo ni vergonzoso. Por favor, permitíos sentir».

Tengo una amiga a quien le enseñaron de niña que no era seguro revelar sus emociones, y ni siquiera sentirlas. De adulta, su esposo se quejaba porque ella siempre negaba sentirse triste o preocupada, incluso cuando era evidente para él que ella estaba experimentando esas emociones. Mi amiga se ponía a la defensiva y le decía que él estaba proyectando sus sentimientos sobre ella. ¡En general, terminaban discutiendo sobre quién estaba sintiéndose así en realidad! Solo después de años de trabajo interno, mi amiga sintió la seguridad suficiente para reconocer cuándo tenía miedo, estaba vulnerable o triste, y permitirse sentir esas emociones por completo.

Cuando mi amiga por fin comenzó a experimentar sus emociones, sucedió algo increíble. Otras partes de su vida que habían estado bloqueadas o estancadas comenzaron a fluir de nuevo. La relación con sus padres y su marido comenzó a evolucionar, y el dolor crónico que sentía en la espalda comenzó a desaparecer. Se sintió más fuerte, más capaz y mejor equipada para afrontar los desafíos de su vida. En lugar de debilitarla, sus emociones actuaron como un poderoso catalizador, lo que la condujo por un camino de libertad personal.

SENTIR PARA SANAR

Los sentimientos pueden ser una medicina potente. Sin embargo, como otras formas de medicina, a veces pueden causar incomodidad. Para que la magia funcione, puede que debas tolerar un pinchacito, un momento de amargura, o alguna otra sensación que al principio identifiques como desagradable. Si alguna vez has recibido tratamiento de acupuntura o tomado una cucharada de jengibre caliente con pimienta de cayena para tratar un resfriado, sabes exactamente a lo que me refiero.

Lo mismo sucede con las emociones. Al principio, quizás las evites porque te cause nerviosismo la posible incomodidad que puedas sentir. No obstante, a medida que avances por el camino hacia la libertad personal, te sorprenderás al descubrir que comienzas a dar la bienvenida a esas sensaciones incómodas.

Una mujer que conozco y que amaba nadar se negaba a saltar al agua fría del río cerca de su casa. Se mantenía en la orilla, haciendo muecas y dudando mientras alargaba el proceso de meterse en el agua, a pesar de que disfrutaba nadando y sabía que era bueno para su salud. Pero muy pronto se dio cuenta de que cada vez que nadaba, terminaba sintiéndose feliz, y llena de fuerza y energía. Después de un mes o dos, dejó de luchar contra la sensación del agua fría. De hecho, comenzó a desearla, ya que había aprendido a asociarla con todos los sentimientos positivos que experimentaba muy poco después.

Aunque muchos nos alejamos del «agua fría» de las emociones difíciles, cuando aprendemos a adentrarnos en ellas, descubrimos que la incomodidad que sentimos al principio también tiene un enorme poder sanador en su interior.

En la tradición tolteca, cultivamos el coraje de sentir todas nuestras emociones, incluidas las que consideramos desagradables, ya que sabemos que son invitaciones a encontrar nuestra libertad personal. Esas emociones son las que pueden enseñarnos cuándo perdonarnos a nosotros mismos o a los demás, o cuándo debemos soltar nuestras ideas rígidas sobre cómo deberían ser o no ser las cosas. También pueden invitarnos a mirar con mayor profundidad cualquier historia que creamos sobre nosotros mismos. Pueden ayudarnos a descubrir qué es posible para nosotros y a identificar si estamos aferrándonos con demasiada fuerza a una máscara en concreto.

EL PODER DE LAS HISTORIAS

La mayoría tenemos la costumbre de convertir inmediatamente nuestras emociones en historias. Cuando se trata de las llamadas emociones «negativas», las historias que creamos tienden a alimentar la adicción de nuestra mente al sufrimiento. Cuando un amigo nos cuenta que está triste y decepcionado porque descubrió que su pareja le ha sido infiel, la mayoría sentimos en su nombre una punzada de tristeza en nuestros cuerpos emocionales. Pero, en muchos casos, no nos detenemos en ese sentimiento de empatía. Por el contrario, comenzamos a pensar en cómo nos han herido a nosotros quienes nos rodean. Recordamos historias de nuestra experiencia con la traición y, antes de darnos cuenta, también estamos sufriendo.

En este ejemplo, la causa de la emoción y la historia subsiguiente resultan fáciles de rastrear, pero no siempre es así. Piensa en la última vez que te hayas sentido un poco triste. ¿Te quedaste con el sentimiento en su forma pura y consideraste cómo lo notabas en el cuerpo? ¿O intentaste averiguar de inmediato por qué, exactamente, te sentías así? Si, como muchas personas, decidiste buscar una razón, me animo a decir que no pasó mucho tiempo antes de que descubrieras una o varias.

Después de investigar un poco, tu mente identifica una o un conjunto de causas que explican tu estado emocional —el clima o un comentario desconsiderado de alguien con quien has interactuado— y, antes de darte cuenta, has creado una historia compleja que explica cómo esa emoción llegó a existir y qué debes hacer para hacerla desaparecer.

Muy pronto, tu historia crece y empieza a cobrar vida propia. Descubres que no es solo el clima o el comentario desconsiderado lo que te ha puesto triste; es tu incapacidad para sobresalir en el trabajo, que a su vez está causada porque tus padres no fueron capaces de animarte como debían cuando eras pequeño. De inmediato, tu vida entera empieza a parecer un motivo de tristeza. Tu historia se convierte en una reja por la cual la tristeza puede trepar como una parra en todas direcciones y ocupar mucho más espacio que la emoción pura original. Así es como la mente utiliza historias para nutrir su adicción al sufrimiento. En algún momento, te olvidas de que tu historia es solo eso…, una historia. Y entregas tu libertad personal en el momento en el que eso sucede.

El primer paso para adueñarte de tu libertad personal es identificar cuándo te estás contando una historia.

Eso es más fácil de decir que de hacer. Al fin y al cabo, la mayoría llevamos contándonos estas historias desde que aprendimos el lenguaje suficiente para pensar. El hábito de relatar historias puede resultarnos tan natural como respirar. Sin embargo, del mismo modo que podemos entrenarnos para ser conscientes de nuestra respiración, también podemos hacerlo para identificar cuándo hemos comenzado a contarnos una historia.

Comienza observando tu mente en busca de pensamientos que intenten explicar qué estás sintiendo. Aunque estos intentos pueden parecer razonables y útiles, es como barrer el fondo del océano con una red; removerás muchas cosas que no estabas buscando, además de ese pez en concreto que intentabas atrapar. Muy pronto, no solo sientes las emociones que estás experimentando ahora mismo, sino que también las asocias con sucesos pasados y especulas sobre cómo podrían afectar a tu futuro. De pronto, has viajado del momento presente a los recuerdos, proyecciones, fantasías y conjeturas.

En lugar de eso, intenta hacer una pausa y tomarte un momento en cuanto detectes que te estás contando una historia sobre tus emociones. Di: «Eso es una historia». Luego, haz un escaneo de tu cuerpo. Advierte qué es lo que estás sintiendo en los músculos, los huesos, el estómago y el corazón. Imagina que no tienes acceso al lenguaje en absoluto y que solo puedes experimentar tus emociones de manera física, sin componentes mentales. Cuando te acostumbres a hacerlo, puedes comenzar a experimentar emociones puras, en lugar de esas versiones borrosas alimentadas por historias a las que la mayoría estamos acostumbrados.

Cuando aprendes a sentir tus emociones de manera pura, las experimentas en su «tamaño real», y no las inflas ni les das espacio para expandirse, así como tampoco las reduces de manera artificial ni intentas hacer que desaparezcan. Esto no significa que debas desestimar recuerdos pasados o traumas. Sin duda hay que lidiar con ellos, y al final del capítulo he incluido un ejercicio que te ayudará a hacerlo. Pero al experimentar tus emociones en su tamaño real, puedes conservar tu libertad personal en lugar de ser arrastrado hacia la niebla del arrepentimiento del pasado o del temor por el futuro. Puedes mantenerte arraigado en la conciencia de que tú eres el nagual, la fuerza vital, y no cualquier emoción concreta que estés experimentando en el momento ni cualquier historia que tu mente pueda generar en consecuencia.

SENTIR VERSUS REACCIONAR

Aunque sentir tus emociones es una manera saludable y hermosa de vivir, ten cuidado de no reaccionar a ellas. Algunos hemos sido domesticados con la idea de que sentir nuestras emociones implica gritar, estallar de furia o «perder el control». Según tu entorno familiar, quizás incluso te hayan criado para creer que no tienes otra opción que «perder el control» si te permites sentir una emoción fuerte, y puede ser sorprendente oír que las emociones y las reacciones en realidad son dos cosas diferentes.

Me identifico con esa situación porque, cuando era más joven, tendía a atacar a otros cuando me sentía amenazado, ignorado o avergonzado. Cuando comenzaba a experimentar esas emociones incómodas, bum, encontraba la manera de descargarlas comenzando una discusión. Mi abuela me decía que yo era como una cría de serpiente de cascabel, más peligrosa que una adulta, porque no ha aprendido a controlar su veneno. A diferencia de las serpientes adultas, que guardan su veneno para emergencias extremas, las crías atacan a la mínima provocación. Ya puedes imaginarte el caos que propagué durante mi fase de cría de serpiente de cascabel, cuánto me hería a mí mismo y a los demás con mis arrebatos. Solo después de practicar con cuidado aprendí a controlar mi veneno.

Sin embargo, con controlar mi veneno no me refiero a que dejé de sentir mis emociones. Más bien todo lo contrario. Para convertirme en una serpiente de cascabel adulta, tuve que aprender a sentir mis emociones por completo, en lugar de escapar a una historia mental y estallar como reacción.

Cuando arremetes contra los demás, puedes creer que lo que estás haciendo es sentir cuando, en realidad, estás reaccionando. Si te han enseñado de niño que sentir y reaccionar es lo mismo, puede llevarte algo de tiempo acostumbrarte a la idea de que, en realidad, son dos respuestas totalmente diferentes.

EJERCICIO: EL INVENTARIO Y LA RECAPITULACIÓN TOLTECAS

A veces, las emociones que más necesitas sentir y procesar son antiguas, como algún duelo o enfado que puedas haber estado reprimiendo durante años. Quizás no hayas tenido la habilidad o los recursos para trabajar con esas emociones cuando surgieron en primera instancia, y puede que hayan estado viviendo en tu interior todo este tiempo, esperando a que se liberara su energía. Este ejercicio puede ayudarte a regresar y aclarar conscientemente esas emociones difíciles, de modo que por fin puedas liberar su energía.

En la tradición tolteca, contamos con dos herramientas poderosas que nos ayudan a perdonar y a liberar cualquier veneno emocional que estemos cargando debido a experiencias pasadas: el inventario y la recapitulación toltecas. La primera es una revisión exhaustiva de los sucesos más importantes de tu vida, en especial de aquellos que fueron traumáticos; la segunda es un ejercicio de respiración que te ayuda a liberar cualquier negatividad que descubras mientras repasas esos recuerdos y recuperas tu poder emocional. Estas dos herramientas trabajan en conjunto para ayudarte a resolver cualquier dolor que aún estés cargando a raíz de antiguas heridas. He utilizado estas prácticas extensamente para procesar las experiencias traumáticas que he atravesado, y continúo utilizándolas hoy en día.

Un inventario tolteca completo implica revisar los sucesos más importantes de toda tu vida. Sin embargo, para comenzar, escoge solo un recuerdo o experiencia que siga causándote dolor. Puede ser el recuerdo de cuando alguien te hirió, o alguna vez que cometieras un error que todavía te llena de culpa y arrepentimiento. Escoge una experiencia con la que aún luches y con la que te gustaría establecer una paz duradera.

- Escribe todo lo que recuerdes sobre la experiencia traumática. Haz un inventario completo del recuerdo, igual que si estuvieras recopilando la comida que tienes en la cocina o las herramientas de tu taller. No dejes ni un estante o cajón sin revisar. Puede que esto te genere emociones intensas o incluso sensaciones físicas, pero la acción de escribirlo todo te ayudará a reducir su intensidad.

- Nadie tiene por qué ver lo que has escrito excepto tú. Puedes borrar el texto de tu ordenador cuando hayas terminado, o quemar el papel si estás escribiendo a mano.

- Escribe, no solo tantos detalles como puedas sobre lo que sucedió, sino también cómo te sentiste al respecto, cómo reaccionaste y cualquier otra cosa que recuerdes.

Cuando hayas completado tu inventario, estarás listo para continuar con la práctica de recapitulación.

La recapitulación es un proceso que te permite eliminar la carga emocional de las experiencias negativas a las que te has estado aferrando con el objetivo de poder reintegrarlas. Piensa en una guirnalda de luces navideñas. Cuando están enchufadas, se encienden e incluso se calientan al tacto. Pero cuando las desenchufas, se vuelven frías e inertes o, en otras palabras, neutras. Del mismo modo, cuando «desenchufas» tus experiencias negativas de su carga emocional, estas se vuelven neutras y ya no pueden herirte ni distraerte.

La recapitulación emplea el poder de la respiración para purificar las emociones negativas de tu recuerdo traumático. Cuando inhalas, recuperas toda la energía que has invertido en ese recuerdo y, cuando exhalas, expulsas toda la negatividad que has acumulado a causa de ese suceso.

- Siéntate o acuéstate en un lugar cómodo donde nadie te interrumpa durante varios minutos.

- Reflexiona sobre el suceso traumático del que escribiste en el inventario tolteca, pero ahora concéntrate en los sentimientos que tuviste durante la experiencia.

- Inhala profundamente, y recuerda todas las emociones negativas que experimentaste en ese momento. Las emociones son solo energía. Al recuperarla, puedes limpiarla de su carga negativa y darle un mejor uso en otro lugar.

- A medida que el aire entra en tus pulmones, imagina esa energía atrapada regresando a tu cuerpo.

Esa energía te pertenece, y tú decides qué hacer con ella.

- Sin dejar de pensar en el suceso traumático, comienza a exhalar. Mientras lo haces, imagínate expulsando las emociones negativas que sientes al respecto de ese recuerdo. Expulsa toda la vergüenza, el enfado, la culpa o la tristeza que asocias con él. Esas emociones ya no pueden hacerte daño. Ya no te pertenecen.

- Reflexiona sobre el recuerdo mientras inhalas y exhalas. Imagina que la energía que estaba atrapada en él se libera, se purifica y regresa a ti para propósitos más elevados.

- Inspira y espira hasta que sientas que la energía negativa ha sido eliminada, descontaminada, y ha regresado a ti de forma pura y útil.

No te preocupes si no puedes neutralizar por completo un recuerdo traumático en una sola sesión. Puede llevar varias sesiones limpiar un suceso en su totalidad.

Cada vez que hagas estas dos prácticas, descubrirás que notas menos cargado el recuerdo traumático. Con el tiempo, la sensación de dolor y activación que experimentas al respecto seguirá disminuyendo hasta que ya no tenga la capacidad de inundarte con emociones avasallantes. Sabrás que has recuperado tu energía en su totalidad cuando puedas pensar e incluso hablar sobre la experiencia sin sentir ninguna carga emocional.

EJERCICIO: CAMBIA DE PERSPECTIVA

Otra forma de drenar la carga emocional de los recuerdos traumáticos es cambiar tu perspectiva del rol de la víctima al del experimentador. Aunque puede ser cierto que hayas sido víctima en muchas de estas situaciones, cambiar de perspectiva puede ayudarte a drenar el veneno emocional de una experiencia y a recuperar tu rol como artista de tu vida.

- En tu cuaderno, haz una lista de algunas de las experiencias difíciles de tu vida.

- Vuelve a escribir tu lista, y reinterpreta los sucesos como experiencias de aprendizaje. Por ejemplo, reescribe «Me robaron en el camino del metro a mi casa» como «Experimenté cómo es que alguien te robe». Reescribe «Mi novia me dejó» como «Descubrí qué se siente cuando te rompen el corazón».

- Cuando piensas o hablas sobre estas experiencias, advierte si puedes utilizar el mismo lenguaje. De ese modo, cambias tu perspectiva de víctima a una más positiva de alguien que tiene el control de la situación.

También puedes intentar considerar tus heridas desde la perspectiva de alguien que ya ha sanado.

- En tu cuaderno, escribe una lista de antiguos relatos, los que te cuentas más a menudo a ti y a otros sobre tu vida. «Tengo trastorno de ansiedad». «Mi primera relación importante terminó mal e hizo añicos mi capacidad de confiar».

- Para cada elemento de la lista, agrega un comentario positivo que demuestre que estás sanando de esa herida. «Cada día que pasa, desarrollo una relación más sana con mis pensamientos y sentimientos ansiosos». «Cada día que pasa reconstruyo mi habilidad de conectar con otros y encontrar más y más razones para confiar en la vida».

Cambiar el énfasis de esta manera consolida tu capacidad de sanar, y baja el volumen a las emociones intensas asociadas con esa experiencia. Esto te hace tomar conciencia de que la vida es un proceso. Tu vida no se detuvo en el momento en el que te hicieron daño; al contrario, sigue desarrollándose de maneras hermosas.

Darte cuenta de que no tienes que sufrir por tus heridas durante el resto de tu vida puede ayudarte a perdonar a las personas que te han herido, incluido a ti mismo. A medida que sanas tus heridas, el deseo de culpar y de castigar disminuye, y puedes recuperar toda la energía que estaba fluyendo hacia esos procesos para utilizarla en un propósito más elevado.

5

LA LIBERTAD DE VER

Los chamanes de mi familia enseñan que hemos recibido el regalo de un cuerpo humano en el plano físico para aprender a amarnos a nosotros y a los demás, pero que muchos estamos cegados por distracciones. Somos víctimas de la mentira que dice que, de alguna manera, estamos separados del nagual, la fuerza vital que se encuentra en el interior de todos nosotros en igual medida. Nos atemorizan nuestros demonios internos y olvidamos que son solo proyecciones de nosotros. Y lo peor de todo es que solo vemos lo que queremos ver, y creemos que esa percepción limitada representa la realidad entera.

Aprendí esta lección de primera mano en 2001, cuando fui a la dentista para hacerme una endodoncia. En un principio, todo parecía estar saliendo como estaba planeado y el procedimiento parecía rutinario. Sin embargo, cuando estaba conduciendo a casa, comencé a sentir un dolor extraño en los ojos. Me dolía mirar a izquierda y derecha. Después de algunos minutos, comencé a sentir dolor al mirar al frente. Cuando llegué a casa, decidí hacer una siesta con la esperanza de sentirme mejor, pero cuando desperté, el dolor de los ojos era incluso peor, y me había quedado completamente ciego.

Presa del pánico, llamé a mi exmujer y le conté que no veía. Ella llamó a mi padre, que le pidió que me llevara de inmediato a ver a mi tía, que es oftalmóloga. Mientras conducíamos a toda velocidad por la carretera, la presión en mi cabeza seguía aumentando, hasta que sentí como si mi cráneo fuera a explotar. Pasé el viaje con la cabeza entre las rodillas, intentando cualquier cosa que se me ocurría para reducir el dolor.

Después de examinarme los ojos, mi tía me dijo que quizás nunca recuperaría la vista. Debido a mis años de consumo de drogas, había dañado mi nervio óptico y, cuando la dentista me había inyectado la anestesia para hacerme la endodoncia, sin querer, me había desencadenado una hinchazón enorme detrás de los ojos. Mi exmujer y mi tía me llevaron al hospital, donde los médicos me ingresaron y me dieron más anestesia, lo que me sumió en una meditación profunda.

En ese estado, viajé a un lugar más allá del sonido y de la vista. Al despertar, los miembros de mi familia habían llegado de todas partes para estar conmigo. Sentía su presencia mientras estaban de pie a mi alrededor. No los veía, pero oía sus voces, que estaban inundadas de temor y preocupación. De pronto, me sentí en paz. Sabía que podía escoger sufrir a partir de esta experiencia o aceptarla como una oportunidad de aprendizaje y un regalo. A pesar de que era yo quien se había quedado ciego, terminé consolando a mi familia, asegurándoles que todo iría bien. Sabía que, incluso si me quedaba ciego, la única persona que podía transformar mi cielo personal en un infierno era yo.

Durante toda mi vida, siempre he amado la experiencia de mirar en profundidad a los ojos de otra persona. Me fascina la manera en que los ojos pueden comunicar en un nivel que va más allá de las palabras, cómo dos personas que se ven por primera vez pueden conocerse al instante, solo mediante el contacto visual. En mis amistades y relaciones, siempre he experimentado la conexión más intensa gracias al contacto visual. No obstante, mientras yacía en la cama del hospital, comencé a soltar mi apego a la visión. Sabía que seguía pudiendo conectar con las personas con mi sentido del tacto, mi voz y mi intuición.

Quedé completamente ciego durante tres semanas. Pasé gran parte de ese tiempo teniendo sueños lúcidos, algo que nunca había experimentado. Durante los sueños lúcidos tienes la habilidad de «despertar» dentro de un sueño y convertirte en un participante activo en lugar de ser un observador pasivo. En uno de esos sueños, estaba caminando por el desierto cuando me topé con una caverna repleta de almas humanas, que unos demonios custodiaban y mantenían prisioneras. Pero los demonios no me daban miedo, ya que sabía que, si me herían, simplemente podía volar al sol, donde me encontraría con el infinito. De modo que animé a las otras almas a volar también hacia el sol.

Cuando lo hice, un demonio gigante y agresivo se me acercó y se cernió sobre mí, mirándome con ojos ardientes.

—¡¿Cómo te atreves a quitarme a mis prisioneros y enviarlos al sol?! —gruñó.

—¿Cómo puedes mantenerlos en una caverna? —repliqué—. Ellos pertenecen al sol, yo pertenezco al sol, y tú también.

El demonio rio con desdén y luego dio un paso adelante para atacarme. Yo lo rodeé con mis brazos y dije:

—Te perdono.

Mientras mantenía al demonio cerca, vi a todos mis antiguos yos flotando a mi alrededor, abriéndose camino hacia el sol. Me vi de niño, de adolescente y de joven adulto, y finalmente me vi con mi edad de ese momento. «Gracias por regresar a por nosotros», me decían. Mientras flotaban junto a mí, me miraban con total perdón, y me perdonaban por el daño que les había causado cuando no era consciente.

Tres días después de ese sueño, recuperé la vista. Me desperté una mañana y, de pronto, vi la luz que bañaba la habitación del hospital. Pude verme las manos y ver los rostros de mi familia. Estaba repleto de amor y gratitud. Parecía que mi periodo de ceguera había sido un regalo increíble. Me había forzado a ir a lo más profundo de mi interior, a ver con mi visión interna en lugar de con mis ojos. Con esta visión interna, por fin, vi que necesitaba perdonarme a mí mismo, y que había estado ciego.

VOLAR CIEGO

Todos tenemos áreas de nuestra vida en las que hemos establecido pactos inconscientes para permanecer ciegos a ciertas cosas, para negarnos a ver sucesos o situaciones como lo que son. En mi propia experiencia, esto se manifestó como la necesidad de considerarme una víctima, en lugar de ver todas las maneras en las que me estaba creando mis propios problemas. Antes de mi experiencia con la ceguera física, solo me veía como un prisionero del demonio de la caverna. No veía que también tenía el poder de liberarme. Solo veía cómo los demás me herían o limitaban, y estaba ciego a cómo me apoyaban y alentaban. Estaba convencido de que, si me permitía reconocer que los demás me apoyaban, ya no podría ocupar el lugar de víctima, de modo que me aseguré de no permitirme ver.

No soy el único. Una amiga mía había llegado al pacto inconsciente de ser un fracaso. Aunque había alcanzado muchas cosas que los demás solo podían soñar, ella solo veía sus errores y permanecía ciega a todos sus éxitos. Cuando recibía un correo electrónico donde la elogiaban por su trabajo, su mirada se volvía borrosa; ¡literalmente no podía permitirse ver los elogios!

Otro amigo vivía en una hermosa casa, pero solo veía las imperfecciones menores: un único vaso sucio en el fregadero, una planta con algunas hojas marchitas que no había sido regada. Mientras sus invitados exclamaban elogios sobre su hermosa casa, lo único que él veía era el caos.

Todos ponemos filtros en nuestras percepciones, que controlan las cosas que elegimos o nos negamos a ver. Estos suelen estar ahí para alimentar la adicción de la mente al sufrimiento. Crean una especie de ceguera que nos impide ver la realidad completa, y solo nos concentramos en una porción estrecha y distorsionada de ella. En lugar de ver la compleja e infinitamente hermosa danza de la vida, solo vemos nuestras propias historias.

Esta negativa a ver es la principal forma de perpetuar nuestra adicción al sufrimiento. Nos volvemos muy hábiles para ver cómo nos hacen daño, pero ignoramos las verdades que podrían hacernos felices. Sin embargo, al tomar conciencia de que tu forma de utilizar tus percepciones juega en tu contra, puedes ayudarte con tu poder de visión. Cuando descubres que tú eres el amor de tu vida, enseguida empiezas a ver la vida a través de los ojos del amor. Adonde sea que vayas, puedes buscar la belleza, la paz y la divinidad en todas las cosas y en todas las situaciones. Y, cuando lo haces, comienzas a irradiar belleza, paz y divinidad hacia todas las personas.

APRENDER A VER

Si no tienes el hábito de ver la divinidad en todas las cosas, puedes comenzar con una simple petición en el interior de tu mente: «Enséñame la divinidad en este momento». Da igual si estás caminando por el bosque, atrapado en una reunión estresante o acostado en la cama de un hospital, siempre puedes hacer esta petición: «Por favor, enséñame la divinidad que existe en este lugar ahora mismo». Y el simple acto de pedir ver la belleza puede cambiarte la vida. Comienzas a ver todo lo que existe como parte de la Madre Divina. Incluso las experiencias negativas de tu vida forman parte de esa divinidad. Se suponía que tenían que suceder, y también son perfectas. Cada experiencia que vives es perfecta.

Cuando afirmas que algo no debía suceder, o se suponía que debía ser diferente, simplemente no estás viendo la vida con claridad. Todo es perfecto. Solo cuando aceptas una situación o circunstancia —quedarte ciego, perder a tu pareja o algún otro trauma—, puedes comenzar a comprender y apreciar la vida. Es entonces cuando comienzas a hacerte uno con la vida, en lugar de luchar contra ella. En ese instante, dejas de volar ciego y comienzas a ver.

Cuando reconoces lo distorsionada que está tu perspectiva, ya no puedes volver a ver la vida de la misma manera. Cuando te deshaces de tu sufrimiento autoimpuesto, puedes comenzar a vivir de verdad. Como exclama Siddhartha cuando se despierta para convertirse en el Buda y se da cuenta de que la persona que había estado creando su sufrimiento había sido él todo ese tiempo:

> ¡Ay, constructor de casas! Te he visto. No volverás a construir una casa para mí. Todas tus vigas están rotas y el techo, destruido. La mente se ha liberado de su condicionamiento: se ha alcanzado la extinción de los deseos.

Cuando aprendes a ver, eres igual al Buda, que se niega a construir más casas de sufrimiento en las que habitar y escoge, en cambio, vivir a cielo abierto.

Las viviendas que construimos para nosotros cuando limitamos nuestras percepciones son restrictivas. Tienen techos y paredes. Delimitan un cierto espacio que fácilmente podemos confundir con la realidad entera. Cuando derribamos esas viviendas, rompemos las vigas y destrozamos los techos, entramos en una realidad mucho más amplia en la que nuestros antiguos hábitos de sufrimiento simplemente ya no pueden existir. Cuando nos vemos como parte de lo divino, nuestras antiguas «casas» se ven desvencijadas y pequeñas. Y no podemos volver a entrar en ellas, aunque queramos.

ESFUÉRZATE AL MÁXIMO PARA PERCIBIR LA DIVINIDAD EN TODAS PARTES

Aunque muchos estamos familiarizados con el concepto de «dar el máximo» cuando se trata de concretar acciones como trabajar, hacer un examen de matemáticas o competir en un deporte, también podemos dar lo mejor de nosotros cuando se trata de percibir la realidad.

¿Puedes esforzarte al máximo para ver la divinidad en todas las cosas, incluso cuando estás cansado, frustrado, derrotado o sobrepasado? ¿Puedes esforzarte al máximo para ver a través de tus propias historias hacia la verdad más amplia que hay más allá de ellas? ¿Puedes esforzarte al máximo para detectar cuándo tienes un punto ciego, e invitarte con amabilidad a ver las cosas que antes no podías?

Cuando una mujer que conozco asistió a un viaje de campamento, le molestó descubrir que algunos de los campistas colindantes hacían una fiesta ruidosa. Ella había ido al bosque en busca de paz y tranquilidad, pero lo único que oía era el tintineo de las botellas de cerveza y el sonido de las risas bulliciosas mientras los campistas afinaban sus guitarras. Mientras permanecía acostada en su tienda intentando leer y sintiéndose más y más irritada por sus «desconsiderados» vecinos, se sumió en un estado de ánimo horrible. Luego, unos minutos después, una persona del grupo bullicioso apareció fuera de su tienda y la invitó a unirse.

Resultó que un hombre del grupo tenía un cáncer terminal, y todos sus amigos se habían reunido para llevarlo a un último campamento. El comportamiento que mi amiga había percibido como desconsiderado y grosero en realidad era un ritual profundamente significativo para quienes lo estaban haciendo. Cuando se sentó junto a la hoguera para disfrutar de la música y de las corrientes profundas de amor que fluían entre esos antiguos amigos, percibió la divinidad de esas personas que ella había catalogado como «perdedores» solo unos minutos antes. Comenzó a ver lo mejor de ellas en lugar de lo peor, y su infierno personal se transformó en un cielo.

Igual que intentamos esforzarnos al máximo en nuestras acciones concretas —como al trabajar, hacer un examen de matemáticas o competir en un deporte—, también podemos dar lo mejor de nosotros en nuestras percepciones de los demás y de la realidad.

EJERCICIO: OBSERVA A TRAVÉS DE LOS OJOS DEL AMOR

Aprender a ver el mundo a través de los ojos del amor puede ayudarte a tomar conciencia de la divinidad de todas las cosas. Este ejercicio ofrece una práctica simple para ayudarte a hacerlo.

- Ve a caminar por una calle conocida de tu barrio o por un área concurrida del centro.

- Mientras caminas, imagina que eres Dios y que observas el mundo con los ojos de una ternura infinita.

- Contempla a las personas a tu alrededor. ¿Parecen más hermosas de lo habitual? ¿Sientes más compasión por ellas?

- Advierte cómo la calidad de tu mente cambia cuando contemplas el mundo a través de los ojos del amor. ¿Creas el mismo diálogo constante? ¿Haces las mismas críticas de la realidad? ¿U observas que todo es perfecto tal como es?

- Practica mirar el mundo con estos ojos durante un tiempo más y más prolongado cada día. ¿Cómo cambian las cosas para ti cuando cultivas la ternura intencionadamente hacia todo lo que ves?

¿Adivina qué? No tienes que imaginar que eres Dios, porque Dios está en ti.

EJERCICIO: APRECIA LAS INCERTIDUMBRES DE LA VIDA

Una manera de alimentar nuestra adicción de la mente al sufrimiento es creer que somos adivinos y lo sabemos todo al respecto de nuestro futuro. Sobreestimamos nuestra capacidad de predecir el resultado de una determinada situación, y luego nos hacemos sufrir a partir de ese suceso futuro completamente imaginario. De hecho, esta es una de las maneras más habituales de infligirnos un sufrimiento innecesario y renunciar a nuestra libertad personal.

Un amigo mío sufrió mucho cuando su novia lo llamó para contarle que se iba seis meses para un programa de doctorado al otro extremo del país. Rápidamente, él se obsesionó en pensar que ese cambio futuro sería lo que más afectaría a los planes a largo plazo de la pareja. Aunque hasta entonces él no había confiado mucho en esa relación, ahora sentía la certeza de que él y su novia habrían sido felices para siempre, de no ser por ese cambio terrible.

Desarrolló una especie de visión de túnel, y se obsesionó con todas las cosas maravillosas que habrían sucedido si ella no hubiera aceptado la propuesta, y todas las cosas terribles que seguramente sucederían ahora que lo había hecho. Parecía que toda su vida estuviera definida por el «problema» de la decisión de su novia. Solo cuando sus amigos lo llevaron a rastras a jugar al fútbol la niebla comenzó a disiparse. Recordó que él tenía una vida entera aparte de ese único problema. Y se dio cuenta de que, sin importar cuán vívidos y concretos fueran los escenarios que su mente conjurara, él en realidad no sabía qué sucedería, ni al día siguiente ni en seis meses.

Cuando la niebla se disipó, admitió que él y su novia podían terminar por un sinnúmero de razones que no tuvieran nada que ver con su partida. Por otro lado, en seis meses él quizás también decidiera mudarse, o quizás acordaran mantener una relación a distancia. En resumidas cuentas, comenzó a ver que la vida tenía infinitas posibilidades. Ni siquiera tenía que sufrir como respuesta a sucesos que aún no habían ocurrido, o que quizás nunca lo harían.

Cuando te fijas en un único suceso o situación que has identificado como «el problema», sobreestimas la capacidad que tienes de controlar los resultados de tu vida e ignoras el hecho de que la vida siempre te presentará desafíos.

En este ejercicio, te invito a dejar de intentar prever resultados fijos y aprender a apreciar las infinitas posibilidades de la vida.

- Escoge una situación de tu vida que te parezca un problema. Por ejemplo, un cambio al que te estés resistiendo.

- Escribe el resultado que más temas de ese problema. Por ejemplo, mi amigo podría haber escrito: «Mi novia se mudará al otro extremo del país. Mi miedo más profundo es que ese cambio nos haga romper».

- Escribe todas las otras causas que conducirían al mismo resultado. Mi amigo podría escribir: «También podríamos terminar porque no estamos de acuerdo acerca de tener hijos, o porque uno de nosotros se enamore de otra persona, o porque ambos cambiemos».

Por más que te resulte difícil escribir esta lista, este ejercicio te ayudará a ver que, incluso si logras «resolver» el problema externo que has identificado, nunca podrás «resolver» la incertidumbre de la vida, excepto si llegas a un lugar de libertad personal en tu interior.

6
LA LIBERTAD DE SOÑAR

El mundo moderno valora muy poco los sueños nocturnos. La mayoría de los padres no enseñan a sus hijos a prestar atención a sus sueños. De hecho, la mayoría de nosotros hemos crecido con la idea de que nuestros sueños carecen de significado, que solo son una actividad cerebral aleatoria y que es mejor ignorarlos. Si decidimos hablar sobre ellos, es por mero entretenimiento: «¡No creerás el sueño alocado que tuve anoche!». En la sociedad occidental, a la mayoría de los adultos les mortificaría admitir que un sueño ha significado algo para ellos, y mucho menos que han actuado a partir de un sueño.

Sin embargo, durante miles de años, en las tradiciones chamánicas, así como en todas las religiones importantes, los sueños se consideraban fuentes de información perfectamente legítimas.

En el Antiguo Testamento, Jacob sueña con una escalera que conduce de la tierra hacia el cielo, y los ángeles suben y bajan por ella. En el islam, los sueños de los profetas se consideran revelaciones, como cuando el profeta

Ibrahim sueña con sacrificar a su hijo Ismail. Los antiguos egipcios estaban obsesionados con registrar sus sueños, y utilizaban oráculos, cuya única tarea era interpretarlos. En la antigua Grecia, los sueños se consideraban una forma de medicina, y se alentaba a los enfermos a dormir en habitaciones especiales llamadas *enkoimeterion*, donde se pensaba que los dioses de la sanación les enviarían instrucciones sobre cómo recuperarse.

En la tradición tolteca de mi familia, los sueños se consideran mensajes de lo divino. A veces, nuestros sueños nos ofrecen visiones poderosas y nos enseñan los pasos que debemos dar en nuestras vidas. A veces nos ofrecen mensajes sobre nuestro propósito aquí en la tierra. Otras, nos ponen en contacto con nuestros miedos más profundos y nos enseñan dónde seguimos necesitando sanar. Como parte de esa tradición, desde muy pequeño me enseñaron a estar atento a mis sueños.

Desde mi experiencia con la ceguera, he guardado una grabadora junto a mi cama. Cuando despierto de un sueño potente, comienzo a grabar y relato el sueño en el orden en el que lo recuerdo. A lo largo del día, cuando se me aparecen más detalles del sueño, también los registro, ya que he aprendido que nuestros sueños no siempre cobran sentido de inmediato. A veces, cuando volvemos a ellos una semana o un mes después, descubrimos más y más capas de significado. Por eso aliento a todos a registrar sus sueños, ya sea por escrito en un cuaderno de sueños o en grabaciones de voz.

Al registrar tus sueños durante un periodo largo de tiempo, comienzas a detectar patrones. Quizás un animal en concreto aparece una y otra vez. O quizá te encuentres regresando a un lugar determinado, un bosque, un desierto, una ciudad o incluso un edificio en particular. Tal vez repitas ciertos tipos de acciones, como correr, enfrentarte a un agresor, buscar algo o proteger a alguien.

Más allá de lo que registres como el contenido de tus sueños, puedes tener la certeza de que contienen mensajes para ti. Es solo cuestión de aprender a descifrar cuáles son.

MENSAJE DE LA MONTAÑA

Cuando tenía once años, tuve un sueño en el que mi padre me llevaba a una cadena montañosa llamada Madre Grande. En el sueño, mi padre tropezaba con unas rocas y caía. Parecía quedar inconsciente, o incluso muerto. Aterrado, yo corría todo el camino de regreso a la casa de mi madre, donde la llamaba: «¡Mamá, mamá, papá está muerto! ¡Cayó por la montaña!». Entonces, justo en ese momento, mi padre aparecía caminando desde la parte trasera de la casa y decía: «No estoy muerto, solo estaba jugando contigo».

Unos días después, le pedí a mi padre que me llevara a Madre Grande. Él se quedó estupefacto. Consideraba que era una señal de poder que yo hubiera recibido ese sueño y le hubiera pedido que me llevara a ese lugar específico a una edad tan temprana. Muy poco después, nos llevó a mi hermano y a mí a Madre Grande, donde recibimos señales incluso más poderosas de la naturaleza. Mientras explorábamos la montaña, me topé con un lugar donde cuatro rocas habían caído juntas para formar una hendidura similar a una cueva. Mi padre entró a la cueva primero para asegurarse de que fuera segura, y luego nos invitó a seguirlo.

Cuando nos sentamos en la fría cueva, mi padre comenzó a contarnos la historia familiar y los principios del chamanismo tolteca. Nos preguntó si nos gustaría que nos iniciara en el camino tolteca. Por supuesto, ¡ambos dijimos que sí! Luego, tomó algunos objetos sagrados y condujo una ceremonia de iniciación. Cuando terminó, salió de la cueva y se puso de pie frente al sol, que proyectó su sombra sobre el suelo de la cueva. Alzó las manos sobre la cabeza para que su sombra proyectara la forma de una serpiente, y luego comenzó a mover su cuerpo de tal manera que parecía que la «serpiente» danzara.

De pronto, por la ladera de la montaña entera comenzó a oírse el sonido de decenas de serpientes cascabel agitando sus cascabeles al unísono. Se me erizó la piel, y mi hermano y yo intercambiamos una mirada de temor y asombro. «Las serpientes de cascabel han aceptado vuestra iniciación», anunció mi padre. «Ahora, sois aprendices de la Vida».

En los días y semanas posteriores a esta iniciación, tuve muchos más sueños significativos, y mi camino como chamán quedó esclarecido.

SOÑAR CON LA REALIDAD

A veces, nuestros sueños son muy claros, y su contenido nos conduce a tomar acciones concretas en nuestras vidas reales. Mi sueño sobre Madre Grande, por ejemplo, me condujo directamente a mi iniciación como chamán tolteca. Sin embargo, aunque tus sueños sean vagos, no tengan sentido, sean desorganizados o confusos, sigues pudiendo utilizarlos como vehículo para tu despertar. Advierte las emociones que experimentas en tus sueños. ¿Sientes temor o pánico? ¿Confusión, pérdida o curiosidad? ¿Entusiasmo o placer al recibir el deseo de tu corazón? Estas emociones —que pueden ser muy intensas— son convocadas como respuesta a sucesos imaginarios.

Pero piensa en esto. Si tu mente tiene el poder de conjurar sucesos imaginarios cuando duermes y luego producir emociones intensas como respuesta a ellos, ¿cuánto poder tiene sobre tu vida consciente? El mismo cerebro que te convence de que estás volando por el espacio, librando una batalla contra monstruos o descubriendo un tesoro escondido mientras duermes también es capaz de decirte quién eres y qué puedes hacer en el mundo «real». Y tu cerebro crea cualquier tipo de historia que tú le enseñes a crear. El problema es que la mayoría de nosotros no somos conscientes de que estamos a cargo de esta poderosa máquina de sueños. Dejamos que nuestra mente cree nuestra realidad junto con su adicción al sufrimiento, en lugar de aprender a crearla nosotros.

¿Cuántas veces has sentido ansiedad intensa en un sueño, solo para darte cuenta de que te encuentras perfectamente a salvo? ¿Cuántas veces has despertado de un sueño placentero, solo para sentirte inundado de melancolía y anhelo por regresar a ese estado dichoso? Es tu mente la que está creando esa sensación de seguridad o peligro, esa felicidad o tristeza. Cuando trabajas con tus sueños, comienzas a reconocer que, sin importar lo intensa que sea una emoción o situación, siempre pasará. El momento siguiente siempre llegará. El próximo sueño siempre aparecerá. Es la calidad de tu conciencia lo que importa, tu capacidad de afrontar lo que sea que suceda con coraje, gracia y sinceridad.

De hecho, tu mente está siempre soñando, sobre todo cuando estás despierto. Los sucesos de la vida son muy simples. Sientes calor y frío, hambre y sed. Te sientas, te pones de pie, te acuestas y caminas. Haces tareas cotidianas. Sin embargo, es tu mente soñadora la que entrelaza estos sucesos básicos para conformar dramas complejos en los que tú eres el héroe o la víctima, en los que una persona con tu nombre se siente eufórica o decepcionada, victoriosa o traicionada. Si pudieras echar un vistazo al sueño de otra persona, descubrirías que ella es el héroe o la víctima, ¡y tú no estás en ningún lado! ¿Cómo puede ser que ese personaje que tiene un papel tan importante en tus sueños —a quien hieren, que gana y pierde, tiene éxito o fracasa— sea, en el mejor de los casos, un personaje secundario en los sueños de los demás?

Piensa en la última vez que oíste una conversación en el tren o en algún otro lugar público, una de esas en la que las personas se desahogan en voz alta sobre alguna injusticia percibida, como recibir un desplante en un restaurante caro o un regalo de cumpleaños menos emocionante del que esperaban. Para cualquiera que oiga la conversación, es dolorosamente evidente que la persona que se está desahogando está perdida en un sueño. Sin embargo, para ella, el problema es lo más real y devastador que está sucediendo en el mundo en ese momento.

O piensa en la última vez que un amigo se enamoró y no podía dejar de hablar sobre lo hermosa, perfecta, sexi e inteligente que era la otra persona. A ti te resulta fácil reconocer que tu amigo está perdidamente enamorado; es decir, atrapado en el sueño de que la otra persona es perfecta. Pero tu amigo quizás crea de verdad que ha encontrado a la única persona en este planeta que no posee ningún defecto.

Todos somos muy hábiles para reconocer cuándo se pierden los demás en sus propios sueños, ya sea en forma de victimización, depresión profunda, enamoramiento, delirio u otra cosa que exagere el sentido de autoimportancia y cree una especie de visión en túnel. No obstante, se requiere mucha práctica para reconocer que te has perdido en un sueño. Y conlleva mucho más esfuerzo despertar y recuperar el sentido del humor y la perspectiva cuando lo haces.

SOÑAR CON CONCIENCIA

La clave es soñar con conciencia. Soñar con conciencia significa reconocer que te encuentras en un estado de conciencia alterado. Cuando bebes una taza de un café fuerte, sabes que estás bajo la influencia de la cafeína. Es posible que te sientas alerta y energizado durante aproximadamente una hora, que tus palmas suden y te sientas un tanto agitado. Pero sabes que ese es un estado temporal, y no cometes el error de creer que es permanente o que tu yo agitado repleto de cafeína es «tu verdadero yo». El problema es que puede ser difícil alcanzar esa conciencia cuando estás atrapado en un sueño. Y eso es cierto independientemente de si esos sueños suceden cuando estás dormido o despierto.

Una buena prueba para saber si estás atrapado o no en un sueño es detectar si te estás tomando las cosas personalmente. Piensa en el comentarista irritante y odioso que te convence de que el camarero del restaurante trajo el vino equivocado a propósito. O en el enamorado apasionado, que está convencido de que cada acción y expresión de la otra persona gira solo en torno a él o ella. Cuando estás atrapado en un sueño, tiendes a exagerar tu autoimportancia, sobre todo cuando se trata de buscar formas en las que alguien te ha herido o agraviado, pero también cuando se trata de imaginar formas de ser más especial, talentoso o inteligente que todos los demás.

Otra forma de determinar si estás atrapado en un sueño es comprobar si has comenzado a hacer suposiciones.

Por ejemplo, en el sueño de la depresión, es común predecir resultados negativos para cada curso posible de acción. Estas suposiciones pueden parecer tan reales y válidas que puede resultar difícil reconocer que son simplemente suposiciones. Puede ayudarte preguntarle a un amigo si estás haciendo suposiciones y pedirle que te recuerde que tú, de hecho, no posees la bola de cristal que puede predecir el futuro de manera perfecta. No todos los sueños son negativos, por supuesto. Por ejemplo, si puedes mantener la perspectiva en un estado placentero de enamoramiento, por supuesto, ¡disfrútalo al máximo!

Tomar conciencia de que estás soñando significa darte cuenta de que los pensamientos y sentimientos que estás teniendo ahora mismo son temporales y están influidos por el sabor concreto de tu sueño. Más allá de si estás disfrutando de tu sueño o sufriendo dentro de él, sabes que este no refleja quién eres de verdad. Es solo un sueño posible de muchos otros. Quién eres de verdad es algo mucho más grande que no puede contenerse en una sola historia o sueño. Tus sueños son solo vehículos a través de los cuales tu potencial infinito, el nagual, puede explorar, aprender, expresarse y jugar.

EJERCICIO: SUEÑA CON INTENCIÓN

Si deseas llevar más intencionalidad a tus sueños de noche, una gran manera de comenzar es simplemente pedirles a tus sueños que te guíen.

- Antes de irte a dormir, pídele a tu mente en silencio: «Que mis sueños me enseñen lo que necesito saber». Al hacerlo, te abres a recibir sabiduría, revelaciones y mensajes de tus sueños.

- Si no experimentas una diferencia la primera noche, haz la petición con sinceridad y humildad todas las noches hasta que empieces a hallar más significado en tus sueños.

Y esta práctica no se limita solo a los sueños que tenemos cuando dormimos.

Cuando reconoces que estás inmerso en un sueño mientras estás despierto, puedes usar esta sencilla petición para reconocer que estás soñando y expresar tu apertura a aprender de la experiencia. Da igual si te encuentras en un sueño de victimización o uno de amor, siempre puedes pedir que te enseñe lo que necesitas aprender de la experiencia. «Que este sueño me enseñe lo que necesito saber». «Que este sueño me enseñe lo que necesito aprender».

También puedes intentar llevar un «cuaderno de sueños» de tu vida consciente, además del cuaderno que mantienes para tus sueños de noche. Una entrada simple podría ser: «Ahora mismo, estoy teniendo un sueño hermoso sobre estar enamorado. En él, mi mente está repleta de esperanza, y tengo sueños alocados sobre cambiar mi vida entera para estar con esa persona. Estar con ella me parece lo más importante que puedo hacer, y las demás cosas que me importan parecen recuerdos distantes».

Al escribir sobre tu vida consciente como si fuera un sueño, puedes mantener una perspectiva sana sobre ese maravilloso personaje de tus sueños... ¡tú! Puedes experimentar sus numerosas aventuras sin caer en la autoimportancia o apegarte demasiado a la historia. Puedes disfrutar de tus sueños y sostenerlos con ligereza, sabiendo que son vehículos para el crecimiento.

EJERCICIO: DESMONTA LAS PESADILLAS

A una amiga mía la atormentaban pesadillas frecuentes después de una experiencia traumática con un exnovio. Solía despertarse en mitad de la noche con el corazón latiendo con fuerza. A veces, las pesadillas eran tan perturbadoras que temía volver a dormirse. Comenzó a sentirse insegura en sus sueños, del mismo modo que se había sentido insegura en su vida consciente.

Puedes emplear una variación del inventario y recapitulación toltecas que describí en el capítulo 4 para drenar la carga emocional de las pesadillas, al igual que para recuperar la energía asociada con los recuerdos problemáticos.

- Escribe todo lo que puedas recordar sobre la pesadilla. ¿Qué sucedió? ¿Dónde tuvo lugar? ¿Quién estaba allí? ¿Cómo te sentiste? ¿Qué sonidos oíste? ¿Qué imágenes viste?

- No tienes que hacer esto de una sola vez. Los detalles de los sueños tienden a regresar en fragmentos, de modo que tómate un día para recuperar lo que sea que recuerdes.

- Cuando sientas que la descripción de tu sueño está completa, siéntate o acuéstate en un lugar seguro y cómodo y permítete recordar la pesadilla con detalle.

- Mientras lo haces, inhala todo el temor, ansiedad y emociones negativas que estén asociadas con la pesadilla.

- La próxima vez que exhales, imagínate expulsando solo energía limpia y pura.

- Extrae toda la negatividad de la pesadilla, purifícala y entrégala al mundo como energía pura.

Hacer este ejercicio con regularidad puede ayudarte a eliminar la carga emocional de tus pesadillas.

Quizás incluso descubras que empiezan a cambiar. Por ejemplo, aunque el exnovio de mi amiga solía aparecer en sus sueños como un personaje poderoso y aterrador, en los sueños posteriores comenzó a desvanecerse, literalmente. Después de varias semanas de hacer esta práctica, él apareció en sus sueños como algo más parecido a un fantasma, traslúcido, débil ¡y casi invisible! Al practicar de manera constante, mi amiga recuperó el poder que él le había arrebatado y lo restauró en su propia vida.

7
LA LIBERTAD DE CUIDAR

¿Alguna vez has visto a alguien empuñar una herramienta, un instrumento u otro objeto de una manera que te hace sentir incómodo? Quizás un amigo toma tu guitarra con las manos grasientas, gira las clavijas de afinación con brusquedad o rasga las cuerdas sin prestar atención al sonido. O quizás tu vecino se compra las mejores herramientas posibles, pero las deja bajo la lluvia y las maltrata de otras formas.

Es difícil ver a los demás tratando objetos preciados con descuido. «¡Basta!», quieres decir. «¿Por qué tratas tan mal la guitarra cuando puedes tratarla bien y hacerla cantar? Entonces ambos, la guitarra y tú, seréis más felices, así como todos los que os rodean».

Como alguien que adora tocar, siempre he sido sensible a cómo los demás tratan los instrumentos. No puedo ver a alguien dejando una guitarra donde podría caerse y romperse, o una taza de café sobre un piano. Simplemente me parece mal maltratar así los instrumentos, cuando ellos nos brindan tanto placer. Siempre he sentido que cuidan de nosotros, y nosotros también deberíamos cuidar de ellos.

Sin embargo, durante la mayor parte de mi vida, no me di cuenta de que el sentido del cuidado y el respeto que vuelco en mi relación con los instrumentos no existía en mi relación con mi propio cuerpo. Trataba mi cuerpo como la guitarra «de batalla» de una guardería, que era aceptable cubrir de huellas pegajosas, golpear o tocar sin habilidad o atención.

En lugar de reconocer mi cuerpo como el instrumento preciado, infinitamente complejo y delicado que era, lo daba por sentado. Lo trataba como un recurso del que podía extraer lo que necesitara, sin ofrecerle nada a cambio. No solo no lo cuidaba, sino que me enorgullecía el poco cuidado que le brindaba, lo tarde que podía llegar a acostarme por quedarme bebiendo, lo mucho que podía salir de fiesta, los días o semanas que podía pasar sin dormir o comer bien.

Todo eso cambió a principios de mi veintena, después de intentar suicidarme apuñalándome en el estómago con un cuchillo de cocina.

APRENDER A CUIDAR

El día que intenté suicidarme fue el punto más bajo de mi falta de respeto por el hermoso regalo de mi cuerpo. Ese día no solo no cuidé mi cuerpo, sino que intenté activamente destruirlo, como un músico de *rock* que estrella su guitarra sobre el escenario. Excepto que, a diferencia de un músico de *rock*, yo no podría simplemente tomar otra guitarra de la estantería cuando hubiera terminado. Si hubiera matado a mi cuerpo, la decisión habría sido definitiva. Aunque mi energía hubiera persistido de otra manera, esta manifestación preciada y concreta del nagual hubiera desaparecido para siempre, y el dolor que hubiera causado a mis amigos y familia habría sido imposible de deshacer.

Cuando desperté después de la cirugía que me salvó la vida, mi padre me fue a visitar al hospital. Yo estaba avergonzado y de inmediato comencé a intentar dar explicaciones, a contarle todas mis facetas como víctima y todas las razones por las cuales mi vida era terrible. Él me escuchó con intención, y luego me dijo que lo que estaba haciendo era el equivalente a golpearme la cabeza repetidamente mientras culpaba a otro del dolor.

En ese momento, yo estaba enfadado conmigo mismo y con Dios, enfadado con la vida en general. A pesar de que los médicos me habían salvado la vida, yo no estaba listo para asumir la responsabilidad de ese maravilloso regalo. No estaba listo para que me recordaran que yo era el artista y que ahora tenía la tarea de crear un nuevo sueño. Aún estaba atrapado en el antiguo sueño, el de la víctima, en el que todo lo que me sucedía era culpa de otro.

Al día siguiente, sin embargo, sucedió algo que me cambió la vida. Me levanté de la cama del hospital y crucé la habitación para mirarme en el espejo. Vi el reflejo de mi rostro, y un pensamiento intrusivo invadió mi mente: «Esta persona siempre me ha sido leal. Yo le he hecho daño una y otra vez, pero míralo, ahí sigue. ¿Cuándo comenzaré a serle leal?».

Mientras contemplaba mi propio reflejo, comencé a sentir emociones intensas de amor, gratitud y compromiso por el cuerpo que veía en el espejo. Ese cuerpo me había acompañado desde el día en el que nací. Se había esforzado al máximo para cuidarme incluso cuando yo me estaba destruyendo con drogas y alcohol. Se había mantenido junto a mí incluso después de que yo lo apuñalara con un cuchillo. ¿Quién podría pedir un amigo más leal y sacrificado? Sin embargo, yo no había sido un amigo para mi cuerpo. Lo había utilizado como un coche barato de alquiler, y lo había conducido de forma descuidada y con la certeza de que la compañía de seguros asumiría cualquier daño.

En ese momento, descubrí que mi cuerpo no era solo mío. Era una parte de la carne de la Madre Divina, un fragmento de la naturaleza. Cuando me hacía daño, no solo me estaba haciendo daño a mí mismo. Se lo estaba haciendo a toda la creación. Cuando tienes esa clase de revelación, no hay vuelta atrás. Después de mirarte a los ojos en el espejo y descubrir que la divinidad te devuelve la mirada, es casi imposible seguir agrediendo tu cuerpo. Es como cuando las personas se despiertan del sueño de la adicción a las drogas o al alcohol. Cuando descubren lo que han estado haciendo, la euforia ya no es la misma.

QUINIENTOS ANCESTROS

En la tradición tolteca, decimos que adonde sea que te dirijas, tienes a quinientos ancestros caminando detrás de ti. Por lo tanto, es vital cuidar tu cuerpo, ya que también es el suyo, una parte de un linaje que se ha transmitido a lo largo de incontables generaciones.

Antes de que mi abuela falleciera, me llamó a su lado. «Cuida a mi nieto», dijo. Por «nieto», por supuesto, se refería a mí, Jose. Después de que muriera, me di cuenta de que yo no solo era una parte de ella, sino que ella también era parte de mí. Cuando cuidaba mi cuerpo, estaba cuidando la parte de mi abuela que aún vivía en mí, y a todos los ancestros que la habían precedido y cuya sangre aún corría por mis venas.

Piénsalo. Para que tú estés aquí hoy, tus antepasados lejanos tuvieron que sobrevivir a circunstancias difíciles, reproducirse y cuidar de sus hijos. A su vez, esos hijos tuvieron que sobrevivir a circunstancias difíciles, reproducirse y cuidar a sus propios hijos. Todos esos ciclos de supervivencia, reproducción y cuidado finalmente dieron como resultado tu nacimiento, tu única oportunidad de experimentar la vida en un cuerpo hermoso, complejo y leal aquí en el planeta.

Los budistas tienen un relato hermoso sobre lo afortunados que somos de experimentar el nacimiento humano. El relato describe una vasta playa sobre la que hay una enorme pila de arena, más alta de lo que el ojo puede ver. Cada mil años, un ave sobrevuela esta playa y toma un solo grano de arena con su pico. Los budistas creen que experimentar la vida en un cuerpo humano es un regalo tan especial como ser ese único grano de arena que el ave toma en su viaje sobre la playa cada mil años. Los demás granos se convierten en plantas, animales y otras formas de vida, hermosas, pero incapaces de experimentar el amor como lo hacen los humanos.

Más allá de si crees o no en la reencarnación, esta historia tiene un mensaje importante. Ser un humano en este planeta es una experiencia muy especial, de modo que no deberíamos asumir la existencia de nuestros cuerpos. De hecho, deberíamos hacer todo lo posible por cuidarlos, porque ellos nos permiten cumplir con nuestro propósito y crear la obra de arte de nuestras vidas. Cuando cuidamos nuestros cuerpos, estamos enviándonos un mensaje de amor y respeto que penetra hasta el nivel más profundo. El día que te mires al espejo y le digas a tu cuerpo que ya no le harás daño —que le serás leal—, ese será el día en que tu relación entera con la vida comenzará a cambiar.

Desde que tuve mi revelación, he perdido más de cuarenta y cinco kilos. He cambiado mis hábitos alimentarios y ya no me interesan el alcohol ni las drogas. Algunas personas que me conocían me advirtieron de que nunca lo lograría. Estaban apegadas a la antigua imagen que tenían de mí: el Jose con sobrepeso, el Jose que no cuidaba su salud. Aunque quisieran lo mejor para mí, se sorprendían al ver mi transformación. Resistirse al cambio forma parte de la naturaleza humana, incluso a los cambios positivos que vemos en los demás. En mi caso, tuve que llegar a un punto en el que mi cuerpo ya no funcionara antes de darme cuenta de que era hora de desaprender mis viejas costumbres.

Ahora, ya no anhelo mis vicios del pasado, ya que prefiero mantenerme saludable. Adoro la sensación de mi cuerpo cuando lo cuido. Me siento bien sabiendo que mis ancestros están felices dentro de este cuerpo saludable. La cultura machista en la que crecí, la cultura que enseña a las personas identificadas como hombres al nacer a tratar sus cuerpos como coches de rally, a recibir golpes y ser destruidos de un sinfín de maneras, es un sueño con el que ya no me interesa vivir. Tengo la libertad de cuidarme, de cuidar de esta parte de lo divino que me ha sido confiada.

EL RITUAL DE CUIDAR

Cuidar tu cuerpo puede adoptar la forma de un ritual. Es probable que ya hagas numerosos de ellos a lo largo del día sin ser siquiera consciente. Por ejemplo, cuando te levantas por la mañana, te das una ducha, te lavas los dientes, bebes té o café y desayunas. Quizás no te parezcan actos religiosos, pero son rituales, porque cuidan de tu cuerpo y te preparan para esforzarte al máximo en el día. Cuando haces algo con amor y respeto, ese acto se convierte en un ritual.

En *Los cuatro acuerdos*, mi padre escribe sobre su amor por los rituales, en especial los dedicados al cuidado del cuerpo:

> Para mí, ducharse es un ritual; con esta acción le digo a mi cuerpo lo mucho que lo amo. Disfruto al sentir el agua correr por mi cuerpo. Me esfuerzo al máximo para satisfacer las necesidades de mi cuerpo, para cuidarlo y para recibir lo que me da.

Piensa en la amabilidad con la que cuidarías a un bebé, a tu pareja, a un amigo enfermo o a un anciano. ¿Puedes invocar el mismo espíritu de amabilidad al cuidar de tu propio cuerpo? Cuando bañas a un bebé o das un masaje a tu pareja, a menudo existe una sensación de ritual en esa acción. Tal vez añades un poco de aceite de lavanda en el agua para el bebé o enciendes velas para tu pareja. Te tomas tu tiempo y lo haces con lentitud, en lugar de cumplir con la tarea de manera apresurada. Saboreas el acto de brindar comodidad y placer a otro ser.

Pero la cuestión es: tú eres tu propio bebé. Tu propio enamorado. Tu propio amigo. Tu propio anciano.

Tu cuerpo es el amor de tu vida, y siempre te habla. Siente cómo se comunica contigo; aprende a escuchar. Cuando comienzas a sentir esa fuerza vital, tomas conciencia de todas las acciones que ayudan a tu cuerpo o van en su contra. Muchos hemos sido domesticados de niños para ignorar nuestras necesidades físicas, incluso el dolor. Sin embargo, a medida que recorremos el camino hacia la libertad personal, nos damos cuenta de la importancia de desaprender esos hábitos.

A pesar de que a veces no puedes evitar dañar tu cuerpo, por accidente o por exceso de uso, puedes esforzarte al máximo para protegerlo de las heridas, mantenerlo bien nutrido y descansado, y hacer cosas que le provoquen alegría.

Puede ser útil pensar en tu cuerpo en tercera persona. «Jose necesita una siesta». «Jose necesita algo de ejercicio esta tarde». Si te han domesticado para creer que es egoísta cuidar de tu propio cuerpo, pero correcto cuidar del cuerpo de otros, intenta pensar en ti en tercera persona. Eso puede ayudarte a considerarte alguien que merece cuidado. Al fin y al cabo, no estás haciendo un té para ti; estás haciendo un té para una persona muy especial, ¡una persona que casualmente se llama igual que tú!

Cuando te esfuerzas al máximo para cuidar de tu cuerpo, este se vuelve más ligero y feliz. Experimentas más amor, porque estás dando más amor. Te envías el mensaje profundo de que estás a salvo, que te respetas y adoras. Y eso te prepara para ser un mensajero de amor para el mundo entero.

EJERCICIO: EXPERIMENTA TU CUERPO COMO PARTE DE LA NATURALEZA

La adicción de la mente al sufrimiento se hace más honda cada vez que nos aferramos a una identidad en concreto y olvidamos que somos parte de la naturaleza, tanto como las rocas y los árboles. Las rocas y los árboles no sufren, ya que nunca se cuestionan la validez de su propia existencia. Pueden expresarse por completo, con toda clase de formas diferentes, y nunca se resisten a las fuerzas del cambio. Nosotros los humanos, por otro lado, tendemos a agrupar ideas sobre quiénes somos, del mismo modo que recolectamos abrojos en los pantalones cuando caminamos por un césped crecido. Olvidamos que podemos quitarnos los abrojos y seguir sintiéndonos completos, enteros y perfectos, como cualquier otro elemento de la naturaleza.

En este ejercicio, te invito a experimentar tu cuerpo de una forma pura, independiente de cualquier idea que tengas sobre quién eres.

- Encuentra un lugar cómodo para sentarte donde nadie te interrumpa durante, al menos, veinte minutos. Puede ser en una mesa o en una silla. No tienes que sentarte con una postura tradicional de meditación.

- Pon una mano donde puedas verla, ya sea sobre la mesa frente a ti, sobre tu regazo o delante de tu rostro si eso te resulta cómodo.

- Durante los siguientes diez minutos, solo contempla tu mano. Préstale atención de verdad, como si fuera un objeto nuevo y fascinante que nunca hubieras visto. Si deseas mover la mano, puedes flexionar y extender los dedos, o acercarla y luego alejarla de tus ojos. Intenta contemplarla con el mismo asombro que le dedicarías a una hermosa flor que encontraste en el bosque, o una nueva clase de concha que descubriste en la playa.

- Tras repetir esto unos minutos, permítete sentir asombro y ternura hacia esa pieza de arte intrincada e ingeniosamente diseñada que es tu mano. Advierte su belleza como nunca lo habías hecho. Siente gratitud por todas las maneras en las que te ha sido útil a lo largo de tu vida.

- Inclina la cabeza hacia abajo y contempla tu cuerpo como un todo. Durante diez minutos, permítete experimentar tu cuerpo entero como parte de la naturaleza. Obsérvalo como observarías un animal salvaje o una cascada rítmica. Permítete ver tu cuerpo como algo misterioso, divino y en constante proceso de cambio.

Este ejercicio te puede ayudar a liberarte de antiguos patrones de domesticación y a nutrir las raíces de la libertad personal. Al reconocer que eres parte de la naturaleza, ya no puedes definirte por ninguna identidad o máscara en particular. Debajo de todas las identidades que has habitado y las máscaras que has utilizado, tu cuerpo siempre ha estado ahí, puro, cambiante e imposible de confinar en un solo relato.

EJERCICIO: CULTIVA LA ALEGRÍA

Aunque la adicción al sufrimiento se genera en nuestras mentes, a veces también la perpetuamos en la relación con nuestro cuerpo. Al igual que podemos perseguir estados mentales negativos simplemente porque nos resultan familiares, muchos hacemos lo mismo con nuestros estados físicos. Por ejemplo, dudo que muchas personas disfruten de verdad de la sensación de tener resaca, o comer demasiado, o no descansar de manera adecuada. Sin embargo, muchos hallamos una forma de comodidad en esos estados desagradables porque nos resultan familiares. No obstante, cuando comienzas a establecer un estado de alegría y placer en tu cuerpo, tu atracción a esos estados desagradables se desvanece enseguida y empiezas a preguntarte por qué antes te castigabas así.

En este ejercicio, te invito a cultivar la alegría en tu cuerpo físico.

- Encuentra un lugar donde nadie te interrumpa. Puede ser una habitación o un lugar tranquilo en la naturaleza. Lo fundamental es estar a solas.

- Pon música que te guste, ya sea en altavoces o auriculares.

- Durante los siguientes cinco a diez minutos, baila al ritmo de la música.

Para algunas personas, esto puede ser muy fácil. Para otras, puede generar profundos sentimientos de vergüenza, angustia y resistencia. Quizás te quedes de pie sintiéndote tonto y no quieras mover el cuerpo. Incluso puede que sientas una ansiedad intensa. A quienes fueron domesticados para usar sus cuerpos solo para trabajar o para otros propósitos «serios», puede darles miedo y resultar desconocido lo de usarlos para jugar.

Por favor, créeme que, sin importar quién seas o cuánto tiempo haya pasado desde que experimentaras tu cuerpo como fuente de placer, bailar es tu derecho básico como ser humano. Mi deseo más sincero es que sigas haciendo este ejercicio hasta que liberes la alegría que te pertenece.

También puedes cultivar la alegría en tu cuerpo adoptando una buena postura, cuidándote y adornándote con esmero, haciendo ejercicio o practicando algún deporte e involucrándote en labores físicas que eleven tu ánimo y te hagan salir de tu cabeza.

Mover el cuerpo genera endorfinas en el cerebro que nos ayudan a sentirnos mejor o, como dirían los chamanes de mi familia, nos ayudan a romper con la adicción de la mente al sufrimiento. Cuanto más cultivemos la alegría como un estado basal, menos terreno daremos a la adicción al sufrimiento para echar raíces. Es esencial respetar la conexión entre el cuerpo y la mente.

8
LA LIBERTAD DE ACEPTAR

Un querido amigo mío se casó con su novia del instituto y juntos estaban criando a una hermosa hija. Cuando se acercaban a su aniversario número trece, su esposa lo sentó a la mesa de la cocina y le dijo: «Lo siento. Sé que esto te va a hacer daño, pero ya no estoy enamorada de ti. Estoy enamorada de otra persona». Él se quedó estupefacto. Le suplicó y rogó que lo reconsiderara. Le habló de su hija, de los votos que habían hecho, y de que él creía que estarían juntos para siempre. Propuso ir a terapia de pareja, hacer cambios internos y lo que fuera que ella deseara, pero todo fue en vano. Ella le había puesto punto final a la relación.

Mi amigo siguió luchando contra su inminente separación con todas sus fuerzas, hasta que un día se encontró con un antiguo amigo —un viejo vaquero—, que le preguntó con cordialidad por su familia. Aunque él había ocultado su situación de todos los que conocía, con la esperanza de que cambiara, le soltó el problema entero y lo explicó todo con detalle, incluidos sus intentos de «arreglar» la situación. El hombre lo escuchó con atención y luego dijo: «Bueno, hijo, parece que el caballo cabalga hacia otro lado».

Como si lo hubieran golpeado en los hombros con el *keisaku* de un maestro zen, las palabras del vaquero hicieron que mi amigo despertara. Se dio cuenta de que estaba volcando toda su energía en la negación, en lugar de conectar con su vida como era en realidad. Se estaba aferrando a un antiguo sueño mientras este se agrietaba delante de sus ojos. También estaba alimentando la adicción de su mente al sufrimiento, ya que prefería torturarse con el «problema» de la decisión de su esposa en lugar de aceptar ese cambio como un elemento válido en la obra de arte de su vida.

De hecho, mi amigo ni siquiera se había dado cuenta de que había la opción de aceptar ese cambio. Había sido domesticado para creer que un hombre debía luchar por su matrimonio a toda costa. Esa domesticación limitaba su libertad personal y lo cegaba a las infinitas posibilidades que aún tenía en su vida, lo que le hacía olvidar el nagual de su interior. En otras palabras, no se había dado cuenta de que tenía la libertad de aceptar.

En los días y semanas que siguieron a su encuentro con el vaquero, mi amigo comenzó a pasar de la negación a la aceptación. Aunque tenía un gran duelo por superar, descubrió simultáneamente todas las posibilidades nuevas que se estaban abriendo para él ahora que su vida ya no estaba definida por su antiguo sueño. Por ejemplo, él siempre había querido volver a tocar la guitarra, pero su esposa prefería ver películas con él por la noche. Había querido adoptar un gato, pero su esposa se había opuesto con firmeza. Después de su separación, finalmente pudo concretar esos sueños; y ese fue solo el comienzo de lo que se convirtió en una maravillosa vida nueva. Unos años después, se volvió a casar y tuvo dos hijos más, bendiciones que nunca hubiera tenido si no hubiera dejado atrás su antiguo sueño.

El poder de la aceptación no recibe mucha atención en el mundo moderno, porque a menudo se confunde con rendirse. No queremos ser personas que abandonan, y puede ser difícil discernir cuándo hemos cruzado la línea entre esforzarnos al máximo y entrar en el campo de la negación. En casos como estos, puede ser de ayuda tener un observador sabio que brinde una perspectiva externa. A menudo, un amigo de confianza puede ayudarte a ver tu situación con mayor claridad. Sin embargo, a veces simplemente adquieres esa claridad por tu cuenta.

En mi caso, sufrí abuso sexual de adolescente. Donde crecí, en Tijuana, México, la cultura del machismo hacía que fuera extremadamente difícil admitir ante mí mismo y los demás que había sido víctima de abuso. Negué ese hecho durante muchos años, ocultándolo en un rincón oscuro de mi mente. Mi incapacidad de aceptar lo que había sucedido significaba que no podía sanar, y no podía ayudar a otros a sanar ni a hablar en contra de la cultura del machismo, que es tan destructiva para hombres y mujeres.

Cuando por fin reuní el coraje para afrontar la verdad de lo que me había sucedido y contarlo, las montañas de estrés emocional y físico prácticamente desaparecieron de la noche a la mañana. No me había dado cuenta de que, al ocultar esa verdad, la estaba forzando a manifestarse en mi cuerpo en forma de atracones, pesadillas y otros síntomas físicos. La aceptación liberó a mi cuerpo del peso terrible de cargar con ese secreto, y me permitió recuperar un torrente de energía atrapado que ahora podía emplear en la música, la amistad y el trabajo constante de ser el artista de mi vida.

BOLSAS MEDICINALES

En la tradición chamánica de mi familia, a veces trabajamos con bolsas medicinales. Son pequeñas bolsas llenas de objetos significativos para ti: hermosas piedras, una pluma, un cristal, una moneda. En algunos casos, los objetos representan desafíos a los que te enfrentas, como desarrollar coraje, recuperarte de una enfermedad o perseguir una meta. A medida que tu trabajo interno evoluciona, el contenido de tu bolsa medicinal puede cambiar. Puedes deshacerte de un objeto que represente un problema que sientes que ya ha sido resuelto, o meter algo nuevo. Yo he tenido varias bolsas medicinales en mi vida, incluida una que me entregó mi padre, una que me regaló mi abuela y otra que está repleta de pequeños objetos recogidos en lugares de poder de todo el mundo.

Aunque las bolsas medicinales son muy eficaces como recordatorios tangibles de tu camino espiritual, la bolsa medicinal más importante de todas es tu corazón.

Sin importar adónde te dirijas, tu corazón actúa como una bolsa medicinal interna que contiene tus relaciones, tus intenciones y las heridas de las que estás sanando. En cualquier momento, te encuentras trabajando con un conjunto determinado de elementos en esta bolsa medicinal interna, que están ahí para enseñarte y ayudarte a crecer. A veces, un elemento puede representar una cualidad que perseguirás durante toda tu vida. Por ejemplo, quizás pases tu vida entera trabajando en el amor incondicional. En otros casos, un elemento puede representar algo que está causando dolor, y se requiere sabiduría para reconocer cuándo dejarlo ir. En ese instante entra en juego el poder de la aceptación.

DE LA NEGACIÓN A LA ACEPTACIÓN

Cuando sentimos dolor de una fuente que no podemos reconocer —y esto incluye todo, desde una relación abusiva, un secreto oscuro o incluso permanecer en un trabajo cuando ya ha llegado el momento de seguir adelante—, nuestra energía queda atrapada en forma de negación, al igual que el agua se congela para formar hielo. Piensa en una tubería congelada que ya no puede entregar agua a los habitantes de una casa. El agua sigue allí, pero no es útil si no fluye.

Las personas que han permanecido en negación durante mucho tiempo, a menudo se sorprenden por lo mucho que mejoran sus vidas cuando se abren a la aceptación. Se presentan nuevas oportunidades; las relaciones estancadas comienzan a evolucionar; las afecciones físicas por fin ceden. Cuando superas el dolor emocional asociado con la verdad que has estado negando, el mundo comienza a brillar con posibilidades. La negación es combustible para la adicción de la mente al sufrimiento, y la aceptación es el primer paso para ser capaz de danzar con el flujo de la vida. Cuando dejas atrás la negación, puedes quitar antiguos elementos de tu bolsa medicinal y encontrar cosas nuevas que amar y disfrutar. Cuando te mueves hacia la aceptación, te abres a las diversas posibilidades de la vida.

Cuando comenzamos a aceptar nuestras propias verdades, aprendemos de forma natural a aceptar las verdades de los demás, en vez de utilizar sus acciones y palabras para causarnos dolor. Hace unos años, mi pareja tomó la decisión de separarse de mí. Antes de descubrir la libertad de aceptar, me hubiera angustiado su decisión. La hubiera utilizado como oportunidad para herirme. «Ella no me ama; me está abandonando». «Nunca tendré un amor duradero en mi vida». Quizás, al igual que mi amigo, hubiera intentado convencerla de quedarse conmigo o le hubiera enumerado todas las razones por las que su decisión me parecía mala o equivocada. Hubiera negado su verdad y la habría intentado reemplazar con la mía.

Sin embargo, al considerar nuestra relación un elemento hermoso y temporal de mi bolsa medicinal, fui capaz de aceptar sus sentimientos en lugar de intentar cambiarlos en vano. Ella necesitaba espacio para florecer como su propia persona, para crear su propio arte. Si yo intentaba negar eso, la estaría hiriendo a ella y a mí, a la vez que era incapaz de aprender las lecciones que ese elemento de mi bolsa medicinal me estaba intentando enseñar. Gracias al poder de la aceptación, yo seguí amando a mi pareja y queriendo lo mejor para ella, incluso cuando ella tomó una decisión que yo no hubiera escogido.

Un par de años después de esta experiencia, mi padre tuvo un ataque cardiaco severo, y todos creían que moriría. Cuando lo visité en el hospital, entré en la habitación y dije: «Por favor, padre, por favor, no mueras». Él me dedicó una mirada adusta y respondió: «Jose, ¿así es como celebras la muerte de tu padre? Ve afuera y serénate. Y cuando estés listo, regresa, porque necesito hablar contigo antes de partir».

Mi padre percibió de manera correcta que yo estaba en un estado de negación: un estado de miedo y tensión en el que él no sería capaz de comunicarse conmigo de corazón a corazón. Salí de la habitación y me recompuse. «Jose», me dije, «puede que tu padre muera hoy, y sin duda morirá algún día». A pesar de que sentí una punzada de dolor emocional al contemplar esas verdades, sentí también que salía de mi estado de tensión y regresaba a mi yo más elevado.

Cuando regresé a la habitación, dije: «Padre, muchas gracias. Veo que casi desperdicié lo que podrían haber sido los últimos momentos de tu vida sintiendo lástima por mí y atrapado en un estado de negación, justo cuando necesitaba estar presente para ti». Él me dio las gracias por tener la sabiduría de reconocer lo que había sucedido, y ambos disfrutamos de una conversación íntima. Resulta que mi padre no murió ese día, pero la lección que aprendí ha permanecido conmigo desde entonces.

LECCIONES DEL RÍO

Una de las historias que se ha transmitido en mi familia a lo largo de generaciones es la historia del Hombre del Río. Es el relato de cómo un joven se enamora de una hermosa mujer en la época del segundo imperio maya. Un día, regresa a casa y descubre que su amada ha sido ofrecida como sacrificio humano. La asesinan, y él llega demasiado tarde para salvarla. Casi enloquecido por el dolor y la culpa de no haber podido protegerla, se retira a vivir a la jungla, donde se niega a comer o dormir. Después de varios días de estar solo y llorar, se acerca al borde de un río caudaloso y salta, con la esperanza de ahogarse.

Al hundirse bajo el agua agitada, ve el rostro de su amada. La llama, eufórico: «¡Te he encontrado, amada mía! Prometo no volver a dejarte sola».

Pero el espíritu de su amada replica: «No puedes quedarte a mi lado, y nunca volverás a verme si sigues con la intención de ahogarte en este río. Si deseas estar conmigo, donde yo me encuentro, debes dejar de vivir sumido en el sufrimiento del pasado».

El joven despierta y se encuentra en la orilla del río, empapado y pugnando por recuperar el aliento. Comprende que lo que su amada ha dicho es cierto. No podría encontrarse con ella en el cielo del amor mientras siguiera atrapado en el infierno de la negación, negándose a aceptar que ella se había ido. En ese momento, su corazón se abre y perdona a los fanáticos que habían sacrificado a su amada como ofrenda al dios de la guerra. Siente la belleza de la jungla y la paz del río, y sabe que ella está junto a él en espíritu. Decide terminar su propio sufrimiento y vivir como ella hubiera querido que él viviera.

Tantas veces actuamos como ese joven... Siempre estamos buscando lo que se llevó el río —un amor perdido, un proyecto fallido, una antigua identidad—, en lugar de aceptar la realidad de la pérdida y centrarnos en lo que el río nos trae a continuación. Olvidamos que, sin importar lo grande y trágica que sea nuestra pérdida, conservamos el poder de crear y de elegir. Aunque el río pueda llevarse todo lo que valoramos en el plano externo, nunca podrá quitarnos el poder fundamental que tenemos para determinar la obra de arte de nuestra propia vida.

Una amiga mía se sintió devastada tras dejar de caminar por un accidente de tráfico. Había sido una senderista y escaladora apasionada, y el dolor y la desesperación que sintió como resultado de su pérdida casi la mataron. De verdad creía que su vida había terminado, y no encontraba el sentido de seguir adelante. Sin embargo, con la ayuda de sus amigos, comenzó a darse cuenta de que la vida no se había terminado. El río seguía enviando a diario oportunidades nuevas para ella: Consiguió un par de prismáticos y comenzó a observar aves, y terminó participando con entusiasmo en un grupo local de observadores de aves. También se involucró en un movimiento para hacer que las rutas de senderismo sean más accesibles para las personas en sillas de ruedas, e hizo algunas de sus amistades más cercanas gracias a ese trabajo. Al igual que el Hombre del Río, escogió vivir en el cielo del momento presente, en lugar de en el infierno de la negación y los arrepentimientos.

DISFRUTAR DEL CAMINO

Una de mis actividades favoritas cuando viajo consiste en deambular por una ciudad desconocida sin mirar el mapa. Simplemente escojo un destino —una catedral, un museo, un parque— e intento llegar allí por instinto. Adoro la sensación de perderme un poco, o incluso mucho, en el camino, deambular en círculos, terminar en lugares que nunca hubiera esperado visitar e incluso toparme con mi destino original después de haber perdido por completo la esperanza de encontrarlo.

Esos paseos me han ayudado a descubrir que, cuando tienes paz interior, en realidad no importa hacia dónde te dirijas. Algunas de las experiencias de viaje más hermosas han tenido lugar en pequeños callejones extraños y jardines descuidados, no en los grandes destinos de mi lista de cosas pendientes. De hecho, me ha sucedido lo contrario. Algunas de mis experiencias de viaje más estresantes ocurrieron cuando me dirigí ¡exactamente hacia donde quería ir e hice exactamente lo que tenía planeado hacer! Lo que importa es la calidad de nuestra energía mientras nos movemos por el mundo, no el lugar concreto donde terminemos.

Piensa en la última vez que terminaste en un lugar completamente diferente de donde pensabas que querías estar. Quizás tenías la intención de estar soltero durante un tiempo, pero luego conociste al amor de tu vida. O visitaste un lugar hermoso, donde planeabas quedarte solo una semana, pero luego tomaste la decisión de mudarte allí. O te detuviste junto a un refugio de animales para llevarle un café a un amigo y saliste con dos cachorros que llenaron tu vida de alegría. Esa es la magia de aceptar la vida como un camino. No se trata de llegar a un destino; se trata de abrirte a lo que sea que suceda en el recorrido. Y eso requiere la habilidad de aceptar cada momento como sucede.

LOS DESAFÍOS DE LA ACEPTACIÓN

Uno de los aspectos más desafiantes y aleccionadores de la aceptación es aprender que no podemos controlar las acciones, sentimientos u opiniones de los demás, sin importar cuánto deseemos hacerlo. Por ejemplo, quizás deseemos «salvar» a nuestros hijos de malas decisiones o «corregir» a alguien una versión de los hechos que creemos que es mucho menos precisa que la nuestra. Sin embargo, incluso si sentimos que nuestras intenciones por los demás son nobles, como toltecas recordamos que somos los artistas de nuestras propias vidas y no los artistas de las vidas de los demás. Sabemos que no podemos escribir la historia de otra persona. Al contrario, escogemos respetar que quienes nos rodean siempre tendrán el poder de elegir por sí mismos, de crear su propio arte.

Aceptar esa verdad requiere una gran dosis de humildad. Quizás un miembro de tu familia insiste en verte de cierta manera incluso aunque tú hayas cambiado hace tiempo. O un amigo malinterpreta tu camino espiritual, sin importar lo mucho que te esfuerces en explicárselo. Puede que veas cómo alguien que amas está tomando decisiones que posiblemente le causen un gran dolor y sufrimiento, sin importar las advertencias que haya recibido. Para muchos de nosotros, el amor está profundamente ligado al control. Expresamos nuestro amor intentando que otros actúen de formas que coincidan con nuestras convicciones, y puede ser terriblemente difícil aceptar que los demás tienen el derecho de tomar decisiones perjudiciales.

Una mujer que conozco sufría mucho cuando su esposo comenzó a consumir muchas pastillas para lidiar con el estrés en el trabajo. Al igual que muchas parejas de adictos, intentó «ayudarlo» escondiéndole las pastillas o discutiendo con él sobre la cantidad que estaba consumiendo cada día. Cuando la situación empeoró, se vio obligada a aceptar que no podía «salvarlo» de lo que resultó ser un colapso desastroso. Ella solo podía controlar sus propias acciones y decisiones, y tomar ciertas precauciones para protegerse de los daños.

Otra faceta complicada de la aceptación es aprender a recibir ayuda de los demás. Muchos hemos sido domesticados para ser autosuficientes. No queremos parecer débiles o dependientes, por lo que evitamos pedir ayuda. Tememos la vulnerabilidad de permitir que otros sepan que los necesitamos, en lugar de celebrar la oportunidad de fortalecer nuestros vínculos sociales. Sin embargo, las oportunidades de dar y recibir ayuda constituyen algunas de las experiencias más significativas de nuestras vidas.

Piensa en un acto de ayuda a un amigo o a un ser querido, como ir a buscar a un familiar durante una tormenta de nieve, o visitar a un amigo en el hospital a diario, o ayudar a poner un tejado nuevo en la casa de un vecino. Para muchos, esos actos de amor y sacrificio conforman los recuerdos más preciados que poseemos. Lejos de sentir resentimiento o lástima por la necesidad de alguien, aprovechamos la oportunidad de compartir nuestros dones.

La próxima vez que necesites ayuda, piensa que la persona que te está ayudando posiblemente esté disfrutando de algunos de los mismos beneficios emocionales y espirituales. Cuando sientes la libertad de aceptar la ayuda de los demás, honras al nagual y contribuyes con algo positivo al mundo. También permites a otros aceptar tu ayuda.

EJERCICIO: APRENDE A CONFIAR

Aceptar significa a menudo dar un salto de lo seguro y conocido hacia lo desconocido, y eso requiere mucha confianza. Hay muchos momentos en los que tenemos que aceptar cosas no previstas y que no habríamos elegido. Practicar la aceptación significa abrazar tu vida entera con amor incondicional y seguir adelante con confianza.

Una manera de generar esta confianza es reconocer que la aceptación no tiene nada que ver con la historia que tú hayas creado al respecto de aceptar determinada condición o situación. Es como aprender a diferenciar entre las emociones y las reacciones. Recuerda la lección que aprendió mi amigo del viejo vaquero. Él temía que, si aceptaba el fin de su matrimonio, estaría condenado a vivir una vida de soledad. En otras palabras, había creado una historia sobre cómo se desarrollaría su vida si aceptaba ese giro de los acontecimientos. Y, durante mucho tiempo, esa historia impidió que él se desprendiera de su antiguo sueño. No obstante, cuando soltó la historia y aceptó los hechos —«Mi matrimonio ha terminado»—, recuperó su libertad personal y eliminó el sufrimiento innecesario de esa situación.

Muchas de nuestras historias adoptan la forma condicional «si... entonces...», que nutre la adicción de la mente al sufrimiento. «Si acepto que mi relación ha terminado, entonces estaré solo para siempre». «Si permito que mi vecino me ayude, entonces sabrá lo incompetente que soy». Este ejercicio te ayudará a utilizar el poder del lenguaje para reducir esta tendencia.

- Escribe en tu cuaderno algo de tu vida que te esté costando aceptar.

- Escribe tus suposiciones al respecto de cómo se desarrollará la situación. En otras palabras, haz una predicción.

- Reformula esa predicción como una pregunta. «¿Qué sucedería si mi relación terminara?». «¿Cómo sería pedir ayuda a mi vecino?».

- Imagina algunas respuestas posibles a esas preguntas mientras te mantienes abierto a la idea de que lo que la vida te presente, será para tu bien.

Al transformar tus suposiciones en preguntas, te abres a la posibilidad de que la vida te sorprenda. También brindas a los demás la oportunidad de sorprenderte, al ser mucho más receptivo, generoso y hábil de lo que esperabas.

Cuando evitas hacer suposiciones, abres un espacio en el que todo puede suceder, incluidas muchas cosas hermosas que nunca habrías imaginado. Aceptas la verdad de tu vida, sabiendo que esa vulnerabilidad solo te otorgará una mayor seguridad, conexión y alegría.

EJERCICIO: LOS CINCO RECORDATORIOS

Los budistas tienen una hermosa práctica llamada los «cinco recordatorios», que nos alienta a aceptar los cambios inevitables de la vida. La práctica consiste en repetir las siguientes frases todos los días:

Por naturaleza, voy a envejecer. No hay forma de huir de la vejez.

Por naturaleza, voy a enfermar. No hay forma de huir de la enfermedad.

Por naturaleza, voy a morir. No hay forma de huir de la muerte.

Por naturaleza, voy a estar separado de lo que amo y de todos a los que amo.

Mis únicas pertenencias reales son mis acciones.

Cuando meditas sobre estas frases, te recuerdas que envejecer, enfermar, morir y perder no son fenómenos inusuales. Son, de hecho, aspectos fundamentales de la experiencia humana, porque forman parte de la experiencia de todos los seres vivos. Cuando aceptas esa verdad a un nivel profundo, experimentas menos sufrimiento cuando ocurren esos sucesos.

Ten en cuenta que la formulación budista dice «por naturaleza». Al hacer esta práctica, recuerdas que la edad, la enfermedad y la muerte te conectan con la naturaleza. De hecho, ¡el planeta no funcionaría sin esos aspectos!

Ahora te invito a adaptar esta práctica budista para incluir las cosas específicas que te cuesta aceptar sobre ti mismo o sobre la vida en general y agregar la frase «y no pasa nada».

Por naturaleza, voy a envejecer… y no pasa nada.

Por naturaleza, voy a experimentar heridas y enfermedad… y no pasa nada.

Por naturaleza, voy a morir… y no pasa nada.

Por naturaleza, voy a estar separado de todo lo que amo y de todos a los que amo… y no pasa nada.

Mis únicas pertenencias son mis acciones… y no pasa nada.

Repite estas frases todos los días, y recuerda que no pasa nada.

Esta práctica te ayuda a profundizar en tu aceptación de la vida y a encontrar más alegría en sus limitaciones. También puedes profundizar en tu empatía por los demás, que también están sujetos a estas experiencias universales de pérdida, incomodidad y cambio.

9
LA LIBERTAD DE PERDONAR

La mayoría de los relatos sobre el perdón habla de los beneficios de perdonar. Pero reflexiona sobre este relato budista, que aborda el perdón desde una perspectiva diferente.

Un día, el Buda estaba sentado con sus discípulos cuando un hombre enfadado se le acercó y le escupió en el rostro. Los discípulos del Buda se horrorizaron por ese comportamiento, pero él solo inclinó la cabeza y dijo: «¿Qué más?».

Al día siguiente, el mismo hombre regresó. Pero esta vez, en lugar de escupir al Buda, hizo una reverencia y le suplicó humildemente perdón.

«¿Cómo voy a perdonarte? —preguntó el Buda—. El hombre que me escupió ayer no está aquí hoy. Y la persona que fue escupida tampoco. Nadie ha sido insultado, y no hay nadie a quien perdonar».

Este relato demuestra que cuando vives en un estado de conciencia plena, no hay necesidad de perdonar a los demás, porque no te pueden herir. No hay un «yo» constante e identificable que pueda ser insultado u ofendido, y no existe un «otro» constante e identificable que pueda ejercer la ofensa. El Buda sabe que el hombre enfadado no le está escupiendo a él. Está escupiendo a una idea que puede o no tener que ver con el Buda real. En otras palabras, el Buda se niega a tomárselo personalmente.

Al mismo tiempo, el Buda reconoce que la ira del hombre es un estado temporal, un reflejo pasajero en el espejo. Sabe que no ganará nada restregando al hombre su mal comportamiento. Es evidente que él ya se arrepiente de sus actos, porque ha regresado a pedir perdón. Pero, lo que es más importante, el Buda sabe que el hombre está viviendo dentro de su propio sueño, y no se puede hacer ni decir nada para cambiar eso. Lo sucedido es cosa del pasado; ahora la única dirección que queda es hacia delante.

¿Cuántas veces te has aferrado a tu enfado con alguien, solo para encontrarte con esa persona meses o años más tarde y darte cuenta de que la persona con la que te enfadaste ya ni siquiera está ahí? ¿Cuántas veces has insistido en sentirte herido por el error de otro, y has creado un «yo» cuyo único propósito era sentirse herido u ofendido?

Cuando perdonas a los demás, no solo liberas la energía que destinabas a odiarlos o temerlos, sino que también encuentras tu verdadera naturaleza, que es ilimitada, libre y, hasta cierto punto, invencible. Descubres que, aunque las acciones de los demás puedan herirte en el momento, solo pueden ocasionarte un daño duradero si te las tomas personalmente.

PERDONARTE A TI MISMO

El mayor acto de perdón de mi propia vida fue perdonarme a mí mismo por todas las cosas que hice en mi contra mediante mis palabras, acciones y falta de cuidado por mi cuerpo y mente. Fue muy difícil aceptar el hecho de que el peor agresor de mi vida había sido yo, Jose. ¡No alguien externo, sino yo!

No soy el único ni el primero que ha descubierto esto. Lo oigo constantemente en boca de mis aprendices. Por ejemplo, una aprendiz acudió a mí en numerosas ocasiones durante años quejándose de que su marido no la escuchaba: «Sin importar lo mucho que me esfuerce y la habilidad que emplee en decirle lo que necesito y lo que no me funciona, ¡él no cambia! Es como si no escuchara ni una palabra de lo que digo». Finalmente, tomó la decisión de separarse. Unos meses después, acudió a mí y me dijo: «Me he dado cuenta de que mientras me quejaba porque mi marido no me escuchaba, yo no me estaba escuchando a mí misma. Todo ese tiempo, una voz en mi interior me decía que me alejara y yo no la escuchaba. ¡La persona que de verdad me decepcionó fui yo misma!».

Durante un tiempo, esta mujer luchó con la culpa y el arrepentimiento por no haber escuchado a sus instintos. Sin embargo, después de un par de meses, volvió a verme. «Jose —dijo—, me he perdonado por no haberme escuchado y por haber tardado tanto tiempo en separarme. En ese momento, creía de verdad que era mejor ignorar mis instintos e intentar hacer que las cosas funcionaran. En ese momento, y con el nivel de conciencia que tenía, me estaba esforzando al máximo, y quiero honrarme por haber dado lo mejor de mí».

Si te cuesta mucho perdonarte por errores pasados, puede serte útil pensar de qué manera te estabas esforzando al máximo, teniendo en cuenta el nivel de conciencia que tenías en ese momento. Quizás gritabas a tus hijos porque de verdad creías que así los mantendrías a salvo. O tal vez decidiste consumir tu mente y cuerpo en un trabajo estresante porque de verdad creías que la seguridad financiera era la clave de la vida. Pero si estabas dando lo mejor de ti en esas circunstancias, entonces no hay razón para castigarte. Simplemente reconoce que, teniendo en cuenta que tu conciencia ha crecido, ya no tomarías esas decisiones. Luego perdónate.

A algunas personas les cuesta ver cuánto se maltratan, porque ese maltrato a menudo toma la forma de procesos mentales sutiles en lugar de comportamientos llamativos. Por ejemplo, quizás albergues en lo profundo de tu interior la historia de que no vales nada debido a una decisión o suceso del pasado. De acuerdo con esa historia, quizás pienses que no deberías tener amor, éxito, amistades o gozar de una buena salud. Puede que también te hayas acostumbrado tanto a la presencia de esta historia que ni siquiera te des cuenta de que está, como un mueble conocido en el que nunca piensas ni inspeccionas con detalle. Hasta que tu conciencia sea muy aguda, es posible que solo tengas destellos fugaces de claridad durante los cuales puedas ver la historia con claridad.

Una amiga mía creció sintiendo que era una carga para sus padres ausentes, un sentimiento que se fraguó en silencio y formó la creencia de que era una carga para todos, incluidos los más cercanos a ella. Evitaba formar cualquier conexión, ya que asumía que constituía una «demanda» escandalosa con una alta probabilidad de ser rechazada. Mientras tanto, observaba que las demás personas que conocía establecían conexiones constantemente: conversaban, pedían ayuda, intercambiaban chistes, daban y recibían favores.

Durante un tiempo, ella simplemente adaptó esa observación para que encajara con su historia. Los demás no eran una carga, concluyó, pero ella sí. Por suerte, muy pronto, la ridiculez de esa creencia se hizo imposible de ignorar. Se dio cuenta de que esa convicción sutil le había estado arruinando la vida durante años, apartándola de la conexión que necesitaba. Hizo el duelo de todas las veces que había dejado pasar oportunidades de establecer relaciones de amor y amistad a lo largo de su vida y se comprometió a permitir que esas bendiciones entraran en su existencia en el futuro.

Lo mejor que puedes hacer cuando te arrepientes intensamente de una decisión que hayas tomado es recordar que la persona que cometió ese error ya no está aquí. La persona que está aquí hoy ha despertado y ya no cometerá los mismos errores o no lo hará con la misma frecuencia.

Aunque está bien asumir la responsabilidad de tus acciones, y contemplar los errores que has cometido con un remordimiento sabio, avergonzarte o castigarte no ayudará. Es simplemente una manifestación de la adicción de la mente al sufrimiento. La vergüenza y la culpa por acciones pasadas solo son útiles en la medida en que exhiben los comportamientos que no deseas repetir. Cuando contemplas tus acciones con un remordimiento sabio, puedes crecer y cambiar de maneras que beneficien a las personas a las que has herido.

PERDONAR A OTROS

Una vez que nos perdonamos a nosotros, perdonar a los demás se vuelve más fácil. Igual que caímos bajo el hechizo de los acuerdos no saludables al maltratarnos a nosotros, las personas que nos hirieron o agredieron también estaban operando a partir de acuerdos no saludables cuando llevaron a cabo sus agresiones. Esto no significa que sus acciones estuvieran bien. Pero nos puede ayudar a comprender cómo pudieron cometer errores tan graves. Igual que nosotros, ellos también fueron domesticados de una forma determinada y sujetos a aceptar acuerdos inconscientes que nunca pudieron cuestionar.

Un amigo mío creció en un hogar en el que él y sus hermanos a menudo recibían golpes de sus padres en momentos de ira. Después de mucha reflexión, se dio cuenta de que sus padres tenían un miedo profundo a ser humillados. Temían que sus hijos se comportaran mal y los avergonzaran en público, y tenían un acuerdo inconsciente de que harían lo que fuera necesario para evitar que eso sucediera, incluso aunque significara controlar a sus hijos mediante el miedo y la violencia. Mi amigo también descubrió que sus padres habían sido domesticados para creer que el trabajo de un padre era controlar a su hijo, y el trabajo del hijo era someterse al control de su padre.

Mi amigo comprendió que era muy afortunado en comparación con sus padres. Él había tenido la suerte de tomar conciencia, lo que le permitió ver a sus padres como eran. Esa conciencia le aseguraba que él nunca haría lo mismo con sus hijos. Sus padres, por otro lado, nunca habían tenido la oportunidad de desarrollar su propia conciencia. Habían pasado la mayor parte de sus vidas en un estado de ceguera, hiriéndose a sí mismos y a otros sin conocer una mejor manera de ser.

Si te estás esforzando por perdonar a alguien que te ha herido, empieza por agradecer tu conciencia. La conciencia es un regalo preciado. No todos recibimos las mismas oportunidades de cultivarla. Si tienes la suerte de tenerla, en algún momento comenzarás a sentir lástima e incluso cariño por quienes no la tienen. Imagina lo doloroso que debe de ser vivir una vida sin conciencia, hacerte daño a ti y a los demás, la mente invadida con un veneno emocional que no sabes cómo controlar. Como dijo el Buda: «Comprender todo es perdonar todo». Cuando comprendas el dolor y la confusión en que viven tus agresores, te será mucho más fácil perdonarlos.

PERDONAR TRAUMAS PASADOS

Un querido amigo mío es un monje budista de Camboya que llegó a Estados Unidos de adolescente después de sobrevivir al régimen de los Jemeres Rojos de finales de la década de 1970, un régimen que se estima que asesinó a más de un millón de personas. Antes de huir a Estados Unidos, mi amigo presenció cómo toda su familia inmediata moría a manos de los soldados jemeres.

Cuando le pregunté cómo convivía con un trauma tan atroz, él respondió: «Bueno, intento no pensar en ello».

Continuó explicando que, aunque no pensaba constantemente en esos horribles sucesos, estaba totalmente dispuesto a sentir la tristeza y el dolor intensos que le causaban cuando los recordaba. Pero, una vez que los sentimientos surgían y pasaban, no se sometía a más sufrimiento rumiando sobre la tragedia. Así, se permitía sentir cada vez que lo necesitara, sin nutrir la adicción de su mente al sufrimiento.

Sus palabras me impactaron profundamente, porque me di cuenta de que incluso cuando ocurren tragedias indescriptibles, llega un momento en el que pasamos del verdadero duelo y procesamiento de la situación a rumiar sobre ella y revivirla; en otras palabras, a nutrir la adicción de la mente al sufrimiento. Cuando se trata de perdonar, ayuda hacer lo que hizo mi amigo monje y permitirse sentir las emociones asociadas con el daño sin dejarse llevar por los pensamientos sobre todas las maneras en las que una persona o grupo te han herido. Esto te permite perdonar de manera completa y pura, en lugar de hurgar en la herida una y otra vez.

También quiero dejar claro que perdonar a otros no significa quitar todos tus límites. Por ejemplo, puedes perdonar a quienes te agredieron de alguna manera, pero mantener límites estrictos en tus interacciones (o no interacciones) con ellos. Aunque el perdón a veces implica informar a los demás de que los has perdonado, también puede ser un proceso completamente interno. De hecho, la persona a la que perdonas ni siquiera necesita saber que lo has hecho.

Cuando adquieres conciencia, sientes compasión por las personas de tu vida que no la tienen. Comienzas a ver que sus acciones brotaron de la ignorancia, la domesticación, la adicción al sufrimiento y los acuerdos dañinos. Dejas de castigarte con la vergüenza y el enfado, y entras en un espacio expansivo en el que el perdón es posible, para ti, tu familia, tu pareja e incluso para personas a las que nunca has conocido.

EL BOTE VACÍO

Un hermoso relato zen cuenta la historia de cómo un hombre que está pescando en el océano recibe el impacto de otro bote pesquero.

—¡Ey! —dice el pescador, agitando el puño—. ¡Mira por dónde vas!

El otro bote vuelve a chocar con el suyo, y le estropea la pintura.

—Te lo advierto, colega —responde el pescador, enfadándose.

El otro bote vuelve a chocar contra el del pescador y le astilla una parte del casco.

—¡Ya basta! —exclama, ahora enfadado de verdad—. ¡Te voy a moler a golpes!

El pescador se asoma por la borda, para ver quién es el sinvergüenza, y ve que el otro bote está vacío. De hecho, está destartalado y viejo, y parece que llevara meses flotando a la deriva, completamente abandonado. No hay nadie a quien culpar por el daño que le ha hecho a su bote, y nadie con quien pelearse. ¡El suceso ha sido completamente aleatorio!

Recuerda la imagen del bote vacío siempre que sientas la tentación de tomarte las cosas de forma personal. En nuestras mentes, todos los sucesos de nuestras vidas parecen «girar en torno a nosotros». Pero ¿es así?

Una amiga mía perdió su casa en un incendio forestal, mientras que numerosas casas vecinas quedaron intactas. Aunque hizo el duelo por la pérdida de su hogar, el verdadero sufrimiento se desató cuando comenzó a atormentarse a sí misma con la pregunta: «¿Por qué a mí?». ¿Había hecho algo para provocar esa horrible tragedia? ¿Tenía mal karma? ¿Era un castigo cósmico por ser avariciosa, egoísta o por algún otro defecto de su personalidad? ¿Por qué su casa ardió y las de sus vecinos quedaron en pie? Cuanto más personal volvía su pérdida, mayor sufrimiento sentía.

Nuestra mente funciona así a menudo. Cuando surgen situaciones negativas, creamos una historia de injusticia y buscamos a alguien o algo a quien culpar. En el caso de mi amiga, solo empezó a dejar de sufrir cuando empezó a ver la pérdida de su hogar como un bote vacío.

Puedes aprender a no tomarte las cosas personalmente si cambias tu forma de pensar y hablar. En lugar de decir: «Mis padres me maltrataron», prueba a decir: «Sé lo que significa crecer en un hogar violento». En lugar de decir: «Mi casa se incendió», prueba a decir: «Sé lo que significa perder un hogar a manos del fuego». Cuando piensas y hablas así, recuerdas que esas experiencias son solo botes vacíos que flotan en el océano de la vida. Pueden impactar contra cualquiera, y tú puedes perdonarlos, ya que sabes que no es nada personal. Además, esos sucesos, aunque son trágicos y no son algo que elegirías, suelen conducir a regalos que no podrías haber recibido de otra manera. Este es un ejemplo del gran tapiz de la vida, donde la tragedia se entrelaza con las bendiciones de maneras que no siempre podemos predecir.

EJERCICIO: VISUALIZA EL PERDÓN

Si existen personas a las que quieres perdonar, pero con quienes ya no puedes o simplemente no quieres ponerte en contacto, puedes llevar a cabo un ritual de perdón.

- Visualiza a quienes te han hecho daño. Si hay incidentes concretos asociados con tu dolor, llámalos a tu mente.

- Imagina encontrarte con las versiones más elevadas de estas personas en el reino etéreo.

- Si sientes seguridad, imagina que han adquirido la conciencia necesaria y ahora desean disculparse por haberte herido. ¿Qué te dirían si estuvieran hablando en sus versiones más elevadas? ¿Qué les dirías tú a ellos, si tuvieras la seguridad de que sus versiones más elevadas te escucharían?

- Escríbete una carta imaginaria de parte de las versiones más elevadas de quienes te han herido. También puedes escribir una respuesta o diálogo con ellos.

- Una vez que hayas completado esa tarea, coloca una mano sobre tu corazón y di: «Te perdono por lo que sucedió. Espero que desarrolles la conciencia para comprender el daño que has hecho y no causes daño en el futuro. Espero que desarrolles la conciencia para desprenderte de tus antiguos acuerdos y crear un sueño mejor».

Mientras haces esta práctica, recuerda que estás perfectamente a salvo y que el perdón que ofreces es para ti, para poder crear paz en tu propio sueño.

EJERCICIO: CULTIVA LA COMPASIÓN

Cuando el hijo de mi amigo se suicidó, él se atormentó con el pensamiento de que podría haber hecho algo para evitarlo. Sin importar cuántas veces sus amigos, su terapeuta y sus maestros espirituales le dijeran que la tragedia no había sido culpa suya, él no se podía perdonar a sí mismo por «haber permitido» que sucediera.

Dos meses después de la muerte de su hijo, mi amigo asistió a un grupo de apoyo para padres que habían perdido a sus hijos a causa del suicidio. Mientras los participantes hablaban siguiendo una ronda y compartían sus historias, él escuchó a otros padres que también se culpaban por las muertes de sus hijos, tal como él había estado haciendo. Mientras escuchaba, sintió una empatía inmensa por ellos, porque le resultaba evidente que esas muertes no eran culpa suya. Veía que sentían un remordimiento genuino por las veces en las que sentían que habían decepcionado a sus hijos, y comprendía que ahora se estaban torturando sin cesar por aquellos errores completamente normales.

Después de la reunión, mi amigo se acercó a un participante cuya historia lo había conmovido profundamente, le dio un abrazo fuerte y le dijo con sinceridad: «Oye, no fue culpa tuya». El hombre rompió a llorar y le devolvió el abrazo.

Esa noche, mi amigo regresó a su casa y se sumió en un llanto profundo y sanador. Del mismo modo que había absuelto al otro padre en la reunión, finalmente se sintió capaz de absolverse a sí mismo. «No fue culpa tuya», dijo en voz alta mientras lloraba. Se perdonó a sí mismo por las veces que había decepcionado a su hijo, sabiendo que habría sido imposible satisfacer sus necesidades en todo momento, y más imposible aún entrar en su cerebro y eliminar la depresión. Cuando mi amigo se perdonó a sí mismo, conectó con un profundo sentido del amor incondicional.

En este ejercicio, practicarás el autoperdón sintiendo antes compasión por otros que han cometido errores o han estado en situaciones similares.

- Piensa en una situación o experiencia sobre la que sientas culpa, remordimiento o pesar.

- Imagina todas las personas del mundo que están sintiendo culpa o arrepentimiento por razones similares.

- Permítete sentir cuánto sufrimiento están padeciendo esas personas como resultado de sus errores reales o percibidos, incluso meses o años después de haber reparado la situación.

- Permítete sentir compasión por ellas, sabiendo que lo han hecho lo mejor posible. Reconoce de qué formas están siendo innecesariamente duras consigo mismas.

- Imagina a estas personas sintiendo la misma compasión hacia ti. Siente su compasión como una luz cálida que se extiende por tu cuerpo. Ábrete a la posibilidad de ser digno de recibir perdón, y permítete sentir compasión hacia ti mismo.

Repite este ejercicio tantas veces como sea necesario hasta que puedas generar una compasión constante hacia ti mismo.

10
LA LIBERTAD DE SERVIR

Una vez, en México, de niño, iba caminando junto a una iglesia con mi padre y mi abuela. Mi padre me dijo que entrara y rezara hasta que recibiera la respuesta de un ángel. Hice lo que me pidió. Cuando entré en la iglesia, encontré la estatua de un ángel, me arrodillé frente a ella y comencé a rezar. Después de pasar un rato arrodillado, deseando que el ángel me respondiera, me di cuenta de que me estaba rezando a mí mismo, o, mejor dicho, a mi Yo. Yo era la única persona que podía escuchar mi plegaria y responderla. Salí corriendo e informé a mi padre de mi descubrimiento, y sonrió. Siempre se sentía muy orgulloso cuando mis hermanos y yo respondíamos uno de sus acertijos, y esta vez no fue diferente.

La palabra «ángel» proviene del griego «*angelos*», que significa «mensajero». Mi padre dice a menudo que todos los ángeles llegaron a la tierra para enviar un mensaje, y el mensaje es cómo vivimos nuestras vidas. Nuestro mensaje se manifiesta como nuestras acciones hacia los demás. Si vivimos la vida de una forma egoísta y codiciosa, el mensaje que transmitimos es que la codicia y el egoísmo son el camino correcto. Si vivimos la vida con amor incondicional y humildad, ese se convierte en nuestro mensaje para las personas que nos rodean y para el universo en general. Podemos utilizar nuestro mensaje para servir a los demás y elevar a la humanidad, o para herir a otros y a nosotros mismos. Nosotros decidimos.

A veces nos cuesta vernos como servidores de la humanidad, sobre todo si percibimos que necesitamos habilidades especiales para hacerlo. ¿Cómo podemos servir si no somos médicos, bomberos o climatólogos? ¿Cómo podemos servir si estamos enfermos, si tenemos alguna discapacidad o si nos abruman las responsabilidades? ¿Cómo podemos servir si nos sentimos perdidos o imperfectos? ¿Cómo podemos servir si hemos cometido errores en el pasado, si otras personas han dejado de confiar en nosotros o si hemos dejado de confiar en nosotros mismos?

Muchos hemos sido domesticados con la idea de que una vida de servicio no es realista ni práctica. Nos animan a dedicar nuestras vidas a ganar dinero y adquirir posesiones materiales, sin hacer una pausa para pensar si nuestro trabajo de verdad beneficia a otros seres humanos, a otros animales, o a la Madre Tierra. La domesticación de tener éxito material puede ser tan fuerte que muchos sentimos que, literalmente, no tenemos la libertad de servir, o que no podemos tolerar los sacrificios que pensamos que implicaría hacerlo. Creemos que el sueño de la prosperidad material debe ser nuestra prioridad, y, sin querer, renunciamos a nuestra libertad personal en el proceso.

La buena noticia es que todos podemos estar al servicio, y no tenemos que tener una profesión concreta ni renunciar a nuestras profesiones actuales para hacerlo. Estar al servicio es una mentalidad —una actitud— que puedes decidir llevar a cualquier encuentro o actividad en cualquier momento.

Piensa un instante cómo sería tu vida si de verdad te sintieras libre para servir. Quizás no sería muy diferente de como es ahora. O sería drásticamente distinta. En mi caso, logré dedicar mi vida al servicio solo después de sumergirme en un periodo de búsqueda, de exploración y de dejarme llevar por varios sueños. Creo que el nagual dentro de cada uno de nosotros siempre está buscando una forma de servir, y todo comienza con abrir tu corazón y mente, y estar dispuesto a escuchar con atención y cooperar cuando la vida te llame.

ENTRENAMIENTO DE ÁNGELES

Yo antes creía que tenía que representar a un personaje espiritual que no era mi auténtico yo para ser un buen ángel, un buen mensajero. Creía que tenía que meditar durante muchas horas todos los días, seguir un horario estricto y abstenerme de reír o de actuar con humor. Suponía que debía rodearme de libros «espirituales» y personas «espirituales», e incluso música «espiritual». Aún más importante, estaba convencido de que tenía que ocultar mi pasado turbulento y los errores que había cometido: mis años de consumo de drogas y alcohol, mi experiencia de abuso sexual, mi intento de suicidio y mis relaciones fallidas. ¿Qué clase de ángel admitiría todo eso? Y, además, ¿cómo iba alguien a confiar en un ángel así para transmitir un mensaje que valiera la pena escuchar?

Entonces, mi padre y yo trabajamos juntos para escribir un libro llamado *El quinto acuerdo*. La idea de ese libro se me ocurrió cuando mi padre estuvo en coma durante nueve semanas tras un ataque cardiaco. Para seguir con su trabajo en ese momento difícil, empecé a revisar un material en el que él había estado trabajando, titulado «Entrenamiento de ángeles». Descubrí que había organizado el material para que se desarrollara de una manera muy lenta, secuencial y rigurosa. También vi que la mayoría de sus estudiantes no lo estaban comprendiendo. De modo que decidí tomar esas ideas y enseñarlas de una manera diferente: todas a la vez, en conjunto, directo al grano y descartando los numerosos «niveles» que mi padre había delineado.

Cuando mi padre despertó de su coma, me preguntó qué había estado haciendo con mi tiempo. Le conté que había estado enseñando Entrenamiento de Ángeles, pero no como él había planeado. Cuando le enseñé lo que había estado haciendo, rio y dijo: «Acabas de crear el quinto acuerdo». Y el resultado de ese trabajo se convirtió en el libro con ese mismo nombre.

Cuando se publicó el libro, supe que tendría que asistir a una gira y hablar mucho en público. Me ponía muy nervioso exponerme a una audiencia y mi mente comenzó a preocuparse. ¿Qué sucedería si todos se enteraban de que era un extoxicómano, un superviviente de abuso sexual, un divorciado o cualquier otra cosa negativa o vergonzosa? La ansiedad comenzó a consumirme, hasta que mi pareja finalmente me dijo que era hora de sacar a la luz esos secretos del pasado. «Si vas a hacer una gira para el libro —dijo—, deberías ir como tú mismo».

Sus palabras me desconcertaron. ¿Qué sucedería si asistía a la gira como el verdadero Jose y no como el personaje «espiritual» que había creado en mi mente? ¿Qué sucedería si hablaba abiertamente de mi vida en vez de desear que los demás no descubrieran lo que había hecho o lo que me había sucedido? ¿Podría servir a los demás si salía al mundo como ese tipo de ángel? ¿Acaso mi mensaje se desvanecería o sería más potente que nunca?

En una de mis primeras paradas de la gira, decidí no usar el discurso que había preparado. En cambio, simplemente me puse a hablar. Hablé sobre las drogas en las calles de Tijuana, y sobre las numerosas lecciones dolorosas que había aprendido en mis relaciones con mujeres. Mencioné mis luchas, mis fracasos y mis momentos de gracia. Mientras hablaba, sentí que mi corazón se abría y vi que el público también lo estaba notando. En lugar de sentirse engañados o decepcionados porque esa persona supuestamente «espiritual» estuviera admitiendo sus fracasos, confusiones y errores, parecieron inspirados.

Cuando la charla terminó, varias personas se acercaron a darme las gracias por mi autenticidad. Un hombre me dijo que mi historia le había dado esperanzas. «Si alguien como tú pudo atravesar todo eso y terminar aquí —dijo—, siento que también hay esperanza para mí».

Ahora ya no intento ocultar lo que me sucedió en el pasado, o lo que estoy viviendo en el presente. Me doy cuenta de que el miedo y la vergüenza que sentía sobre mi pasado en realidad estaban impidiendo que me convirtiera en un ángel eficaz y evitaban que sirviera a los demás de la única manera en la que estoy llamado a servir. No solo eso, sino que, al practicar el amor incondicional hacia mí, hago que a los demás les resulte más fácil practicar el amor incondicional consigo mismos. Como probablemente sepas ya, practicar el amor incondicional es mi mensaje, mi forma de servir.

A la mayoría nos han domesticado para lamentar nuestros errores y sentir vergüenza por ellos, si es que alguna vez nos atrevemos a mencionarlos. Hacemos acuerdos con nosotros mismos para enterrar nuestros fracasos, esconder nuestros defectos y vivir en un estado de arrepentimiento permanente sobre lo que hemos dicho o hecho que nos avergüenza. Sin embargo, solo siendo sinceros sobre nuestros errores, fracasos y arrepentimientos podemos ser útiles para los demás. Nada te conecta más con el corazón de otra persona que la autenticidad. Descartar cualquier personaje falso y permitir que brille el ángel real que eres es la forma más rápida de llegar al corazón de otras personas.

ENERGÍA COMO SERVICIO

Quiero aclarar que estar al servicio no se trata solo de hacer acciones físicas como cuidar de los enfermos o recolectar basura, aunque sean formas maravillosas de servir. Estar al servicio significa prestar una atención cuidadosa al mensaje que envías con tus palabras, tus acciones y el estado de tu ser. En ese sentido, significa ser consciente de tu energía y responsabilizarte de ti mismo a un nivel cada vez más profundo, de modo que incluso tus acciones más insignificantes adquieran una cualidad de servicio y benevolencia.

Los chamanes de mi familia reconocieron hace mucho tiempo que la energía es contagiosa. Es probable que ya hayas notado eso observándote a ti mismo y a los demás. Cuando vives la vida en un estado de ansiedad, fomentas la ansiedad en quienes te rodean. Cuando emprendes una acción con la energía del resentimiento, ese resentimiento tendrá un efecto dañino, sin importar lo útil o necesaria que sea la acción en sí. No obstante, cuando reconoces que tu energía influye en los demás, naturalmente te vuelves más consciente de su impacto. Cuando sientas un estado negativo, haz una pausa y di: «Bueno, estoy sintiendo algo de resentimiento. ¿Qué puedo hacer con esto? ¿Cómo puedo dejar que pase de una manera inofensiva?».

Puede que necesites dejar lo que estés haciendo y retirarte a una habitación en soledad durante unos minutos. O quizás puedas escribir lo que estás sintiendo, o llamar a un amigo de confianza para hablar sobre ello, o sentarte con tranquilidad a procesar las emociones sin crear una historia de sufrimiento a su alrededor. Sea lo que sea lo que hagas, lo importante es que tengas el control del juego en tus manos en lugar de convertirlo en el problema de otro. Tu tarea es lidiar con esa energía negativa de tu interior —aunque puedes pedir ayuda a los demás— para que, cuando salga a la luz, haya sido purificada de todo lo dañino.

Todos hemos atravesado una pandemia global que nos ha hecho profundamente conscientes del principio de contagio. Y ese principio aplica tanto a la energía como a la enfermedad. En mi familia hay tanto chamanes como médicos, y todos coinciden en que nuestra energía es como un medicamento. Todos tenemos una jeringa completamente cargada con la que inyectamos nuestra energía al planeta de manera constante. La pregunta es: ¿qué contendrá tu jeringa? ¿Inyectarás en la tierra un veneno emocional? ¿U ofrecerás alegría, compasión y amor?

Cuando inyectamos nuestro amor incondicional en el Sueño del Planeta, es como si la Madre Tierra recibiera los anticuerpos que necesita para combatir la negatividad, el dolor y las mentiras que se liberan en el planeta. Cuando despertamos y vivimos vidas felices y auténticas, contribuimos al bienestar de la humanidad. Proteger así nuestra energía es una forma de servicio.

TRABAJAR CON LA ENERGÍA

¿Alguna vez te has encontrado con un completo desconocido que te ha hecho sentir genial sin motivo aparente? Simplemente hay algo en su presencia que ilumina tu día, y de inmediato te sientes animado, reconfortado y completamente apreciado. Esa es la magia de la energía. Cuando cuidas con esmero tu energía, existes en un estado de alegría y armonía, y transmites ese estado a los demás. Sanas con tu presencia a quienes te rodean.

Piensa en la última vez que te sentiste frustrado, deprimido, preocupado o enfadado. ¿Qué hiciste con ese sentimiento? ¿Acaso saliste al mundo con una nube sobre tu cabeza para compartir ese veneno emocional con quienquiera que te encontraras? ¿O utilizaste tu conciencia para transformar esa energía difícil en algo que ya no fuera dañino para quienes te rodean, y mucho menos para ti? ¿Creaste una historia sobre ese sentimiento? «Es tan injusto». «No debería ser así». ¿O te comprometiste a experimentar las emociones incómodas con amor y coraje, para que pudieran extinguirse de una manera inofensiva?

Cualquier energía que cultives en tu interior ejerce un efecto real en quienes te rodean, e incluso se expande a personas que ni siquiera conoces. Por eso es tan importante recordar el poder de tu energía. Cuando mantienes tu conciencia y trabajas con tus estados internos con habilidad y compasión, evitas enviar mensajes de ira, odio y lástima a la reserva energética colectiva de la

Madre Tierra. En cambio, permites que tu mensaje sea de amor, sabiduría y compasión.

Cuando sales al mundo con una sonrisa y el corazón abierto, inspiras esas cualidades en otros. Este proceso de inspiración es profundo e infinito. Cuanto más reflejes tu amor hacia los demás, más se despertará su propia capacidad de amor y se reflejará de vuelta hacia ti y hacia el mundo. Tu presencia, viva en tu propio cielo personal, puede inspirar a otros a encender esa llama en sus propios cielos personales.

EJERCICIO: RECUPERA TU ENERGÍA

Cada vez que te responsabilizas de tu energía, tomas una postura firme en pos de la paz. Al negarte a transmitir tus perturbaciones internas a los demás, te conviertes en un protector de la humanidad y transformas tu propia negatividad en luz, un verdadero acto de servicio.

Aquí te presento un ejercicio simple que te puede ayudar a lograrlo.

- La próxima vez que identifiques que tu energía se está oscureciendo con enfado, resentimiento, desesperanza u otro elemento «dañino», haz una pausa en lo que sea que estés haciendo y sé consciente de ello.

- Pon una mano en tu corazón y nombra el sentimiento. Di: «Te siento. Veo que estás ahí, y te cuidaré bien».

- Crea espacio alrededor de esta energía difícil e imagínala como una madeja enmarañada de hilo u alguna otra forma física.

- En tu mente, pon ese objeto imaginario en un contenedor más grande. Por ejemplo, imagina la madeja enmarañada de hilo depositada en el fondo de un tazón inmenso, o apoyada en medio de un campo de fútbol.

Cuando imaginas un espacio más grande en el que la energía difícil puede existir, conectas con tu verdadera naturaleza, que es vasta, expansiva y fuerte. Recuerdas que sea cual sea la inquietud que estás sintiendo, es solo un punto diminuto en el infinito campo de la conciencia amorosa. Solo contemplar la inquietud dentro de un lugar más amplio es una práctica potente que permite que la energía negativa se transforme y siga su curso de manera inofensiva.

EJERCICIO: ACTOS DE SERVICIO SENCILLOS

Algunas veces olvidamos que los actos de servicio sencillos pueden enriquecer nuestras vidas y las de quienes nos rodean. Estos actos rompen con nuestro egocentrismo y nos conectan de manera más cercana con nuestros semejantes. A su vez, esto reduce la adicción de la mente al sufrimiento, que no puede sobrevivir sin un grado de egocentrismo que le otorgue poder.

En este ejercicio, te invito a llevar a cabo actos de servicio sencillos a lo largo del día. Aquí hay algunos ejemplos, aunque existen muchas otras posibilidades. Puedes agregar tus propias ideas.

- Sonríe a los demás.

- Repite un mantra en silencio para las personas que te encuentres en tu día, como: «Que esta persona sea feliz».

- Cede tu asiento en el autobús o en el metro.

- Cede tu lugar en la fila a otra persona.

- Ayuda a un vecino con una tarea física.

- Friega los platos cuando vayas a casa de otra persona.

- Guarda las sillas después de una reunión.

- Ordena o repara algo sencillo, aunque no sea responsabilidad tuya.

- Ofrece un cumplido sincero.

- Escucha la historia de otra persona con empatía, incluso si no estás de acuerdo con todo lo que esté diciendo.

- Haz un trabajo impecable en cualquier tarea, sin importar lo trivial o insignificante que sea.

Cuando haces actos de servicio sencillos, expresas tu amor por la tierra, por tus semejantes y por la vida misma.

Si quieres llevar este ejercicio un paso más allá, puedes manifestar un deseo sereno cada vez que hagas un acto de servicio. Por ejemplo, si cedes el asiento en el autobús o el metro, manifiesta un deseo como este: «Que esta persona descanse bien y recupere fuerzas para el día que tiene por delante». Si ayudas a tu vecino a descargar unas cajas pesadas, manifiesta un deseo como este: «Que mi vecino siempre tenga el apoyo que necesita». Cuando deseas cosas buenas a los demás, sumas la energía del amor a tu acto de servicio, y recuerdas la unidad fundamental de la vida.

CONCLUSIÓN
EL REGALO DE LA LIBERTAD

Cuando llevas un tiempo avanzando por el camino de la libertad personal, llega un momento en el que empiezas a ver a todos y a todo como parte de ti. Te ves reflejado en el mendigo, en el auxiliar de vuelo y en la cajera del supermercado. Te puedes ver en tus amigos y familia, así como en las personas que previamente hayas considerado enemigas. El mundo entero comienza a parecerte parte de tu cuerpo, y te invade el deseo de cuidarlo con ternura. Aunque los demás puedan tener perspectivas y creencias diferentes, utilizar palabras diferentes o hablar distintos idiomas, sabes que solo se están transformando de luz en luz, como la llama parpadeante de una vela. Sabes que el mismo regalo preciado que te fue entregado a ti cuando llegaste a este mundo también se entregó a todos los que te rodean. Todos nos estamos esforzando al máximo para cuidar nuestra parte del nagual.

Cuando tienes la experiencia de verte a ti mismo y a los demás como un cuerpo de luz siempre cambiante, muchas de las antiguas dificultades de la vida se desvanecen.

Se hace mucho más difícil juzgar a otros, o enfadarse con ellos, y especialmente odiarlos, ya que has dejado de juzgarte y odiarte a ti. Puedes ver el destello de divinidad en cada persona, incluso si están haciendo algo que no te gusta. Te vuelves más y más hábil en ver más allá de las capas defensivas que las personas ponen delante de sus corazones y las máscaras que ubican frente a sus rostros.

Cuando tomas conciencia de la unicidad de todos nosotros, es mucho menos probable que te sientas molesto cuando las cosas no salen como esperabas. Descubres que, más allá de lo que suceda, puedes integrarlo en la obra de arte de tu vida. Nada puede arruinar tu obra maestra, porque tienes el poder de incluir cualquier experiencia en tu arte. Incluso si alguien derrama tinta o salpica pintura, no importa. Sigue siendo perfecta. Cuando eres un artista maestro, posees el poder de la creación en tu interior y sabes que, da igual cuántos obstáculos se presenten, nunca te quedarás sin belleza. Da igual adónde te dirijas, llevarás ese poder contigo, de modo que nunca tendrás que temer las sorpresas inevitables de la vida.

A medida que tu corazón se abre y expande, puede albergar más y más. Puedes aceptar tus errores con amor y compasión. No necesitas negarlos ni enterrarlos. Puedes admitir tus fallos y debilidades, porque no temes ser juzgado por ti mismo o por los demás. Puedes aceptar el dolor y la angustia de las personas con más compasión, sabiendo que esos sentimientos son solo reflejos temporales en el espejo. Ya no juzgas a los demás, porque sabes que solo están soñando. Entregas amor incondicional a ti mismo y a otros, más allá de los errores que hayan cometido, a la vez que estableces los límites que necesitas para mantenerte a salvo.

EL SUEÑO DEL CHAMÁN

Los chamanes saben que todos estamos soñando en todo momento y que la mayoría de las personas lo ignoran. Sin embargo, esta es la paradoja. Aunque los chamanes sabemos en el nivel más profundo que esto es un sueño, también reconocemos el sufrimiento que existe en el mundo fenoménico.

Reconocemos que en el mundo existe opresión real: violencia real, desigualdad real, esclavitud real. Estas luchas no son imaginarias, y requieren el esfuerzo colectivo de muchos para superarlas. La búsqueda de la libertad personal no es una alternativa a estas luchas, sino más bien el camino más importante que puedes tomar para ayudar a terminar con ellas. Puedes convertirte en un defensor de la justicia más eficaz si has superado tu propia negatividad, tu propia adicción al sufrimiento y tus propias mentiras e ilusiones. Puedes hacer una contribución más grande al Sueño del Planeta si has eliminado las semillas de la violencia de tu interior, y has renunciado al deseo vano de glorificar un yo que, en el nivel más profundo, en realidad no existe.

Mientras recorres este camino, sabes que hay que respetar los sueños de los demás sin intentar cambiarlos, y utilizas tus propios acuerdos para vivir una buena vida.

Lo que los demás consideran temas serios, los chamanes lo ven simplemente como ideas juguetonas de un sueño: etnias, género, estados nación y tantos otros acuerdos que organizan las sociedades humanas. Son como visitantes de otro planeta que aprenden las costumbres humanas sin estar atados ni comprometidos con ellas por completo.

A menudo digo que Jose es el amor de mi vida, y que el trabajo número uno en mi vida es cuidarlo y hacerlo feliz. Al mismo tiempo, sé que Jose en realidad no existe. Es una figura retórica, una historia, un reflejo en el espejo. Sabiendo que Jose en realidad no existe, da igual si soy rico o pobre, famoso o desconocido, si hago este trabajo u otro. Estoy disponible para servir a la vida, porque soy vida. Lo que sea que haga, donde sea que me encuentre, estoy sirviendo a la vida. De modo que no existe la preocupación, no hay nada que temer, y sin duda no existen los arrepentimientos.

Como un *bodhisattva* budista —aquel que ha despertado y se queda en la tierra para servir a los demás—, un nagual utiliza su libertad para el bienestar mayor. Ese no es un deber difícil de asumir, porque una vez te has convertido en nagual, naturalmente deseas ayudar a los demás.

Mientras recorres el camino hacia tu propia libertad personal, ¿cómo servirás a la vida? ¿Utilizarás tu libertad para crear maravillosas obras de arte? ¿Para luchar en pos de la justicia? ¿Para preservar la naturaleza para las generaciones futuras? ¿Servirás a la vida con tu voz? ¿Tu corazón? ¿Tus manos? ¿El poder de tu mente? Si aún no lo sabes, estoy seguro de que lo descubrirás. Tienes la luz en tu interior, y el camino ya se está desplegando para conducirte allí. Caminas con quinientos ancestros detrás de ti.

SOBRE EL AUTOR

Don Jose Ruiz es un nagual (chamán tolteca) del linaje de los Guerreros del Águila y es hijo de don Miguel Ruiz, autor de *Los cuatro acuerdos*. Jose es autor de *La bolsa medicinal*, *La sabiduría de los chamanes* y *Animales chamánicos de poder*. También es coautor de *El quinto acuerdo*.